朝鮮学校物語

あなたのとなりの「もうひとつの学校」

編『朝鮮学校物語』
日本版編集委員会

著 地球村同胞連帯(KIN)、
「高校無償化」からの朝鮮学校排除に反対する連絡会

花伝社

凡例

①「在日朝鮮人」

本書では、国籍を問わずかつての日本による植民地支配の結果として日本に在住することになった朝鮮半島にルーツをもつ人々の総称としてこのように称する。

②国号について

初出は正式名称である「朝鮮民主主義人民共和国」、「大韓民国」とし、その後は「朝鮮」、「韓国」とする。ただし、韓国在住の執筆者が、原文において朝鮮民主主義人民共和国のことを「이북（以北）」あるいは「북한（北韓）」としているものについては、そのまま「以北」、「北韓」とする。「한반도（韓半島）」としているものについては「朝鮮半島」とする。

朝鮮学校物語◆目次

「五〇年の時差」を考える――「日本版」刊行によせて　田中宏　5
韓国版序文　再び、朝鮮学校　趙慶喜　7
歌「ひとつ」　10
まんが「私と朝鮮学校」　尹丙虎　12

第Ⅰ部　知ってみよう朝鮮学校

朝鮮学校Q＆A　22
朝鮮学校の歴史と現在　佐野通夫　57

第Ⅱ部　それぞれの朝鮮学校物語《ストーリー》

1　わたしと朝鮮学校　李明玉　70
2　消えてしまった私の故郷　具良鈺　88
3　わが子を朝鮮学校に通わせた理由――日本学校を卒業した在日朝鮮人オセニの話　申嘉美　100

4 在日朝鮮人と統一——二つの固定観念についての断章 金鎮煥 110
5 モンダンヨンピルと朝鮮学校 権海孝 121
あとがき 131
●朝鮮学校関連年表 i
●図書案内〜もっと知りたいあなたに〜 v
●出版に寄せて 金孝淳／権赫泰／徐京植 vii

韓国版原書
「조선학교 이야기」

「五〇年の時差」を考える――「日本版」刊行によせて

一橋大学名誉教授　田中　宏

日韓の国交正常化が一九六五年、そして今年は二〇一五年、その間の時差は五〇年である。日本にある朝鮮学校は、いま大きな困難に直面している。すなわち、二〇一〇年に始まった高校無償化からの除外、それと重なるように、一部自治体が朝鮮学校への補助金をカットした。また、在特会（在日特権を許さない市民の会）なるレイシスト集団は、京都朝鮮学校を三度にわたって襲撃し、子どもたちは恐怖にさらされ、民族教育関係者も大きな衝撃を受けた。

日韓会談が最終局面を迎えた一九六五年四月、朝鮮学校について、次のようなやり取りがあった。韓国側「共産教育をしている朝鮮総連系学校を閉鎖しなければならないのではないか」、日本側「これは、日本側が責任をもって解決する内政問題だ」。日本側「仮に、日本政府が総連系学校を整理するとしたら、在外国民保護との見地から外交的に抗議することはないか」、韓国側「そのような抗議はないだろう」。

日韓条約が締結された一九六五年末の文部次官通達は、「民族性または国民性を涵養することを目的とする朝鮮人学校は……、これを各種学校として認可すべきではない」とした。あらゆる意味で「学校」とは認めない、というのである。一九六八年四月、美濃部東京都知事は、「通達」に反して、朝鮮大学校を各種学校として認可した。今では、すべての朝鮮学校が認可されており、「通達」は有名無実化した。

二〇〇二年の「日朝平壌宣言」は、それ自体が持つ意味は脇に押しやられ、もっぱら拉致問題に収斂してしまった感がある。教育への公費投入がＯＥＣＤで最下位の汚名返上にと導入された折角の高校無償化なのに、二〇一二年一二月、第二次安倍内閣は成立二日後、早くも朝鮮高校は除外すると表明した。下村文科大臣は、その理由を「拉致問題に進展がない……」とした。また、朝鮮民主主義人民共和国の核実験が伝えられると、黒岩神奈川県知事は、朝鮮学校への補助金をカットすると表明した。東京・町田市が「防犯ベル」を朝鮮学校には支給しないとしたのは、二〇一三年三月のことである。

　こうした日本の状況について、ジャパン・タイムスの社説は「今回の町田市の問題は、この国全体に吹きあれる大きな、非常に厄介な潮流の一部である。いくつかの自治体は、朝鮮学校への補助金を停止した。今年二月二〇日、安倍内閣は朝鮮高校を高校無償化から除外した。これらの決定は撤回されるべきである。生徒たちを政治的な人質として利用することは間違っており、そんなことをすれば、日本における朝鮮人差別を煽るだけである」と結んだ（二〇一三年四月一二日）。朝鮮学校差別とヘイトスピーチを結び付けて視ているのである。

「五〇年の時差」を経て、いま韓国では、逆に、日本にある朝鮮学校への関心が高まり、支援の輪が広がっている。その中で生まれた本書が、日本で出版されることは、日本での朝鮮学校理解に新鮮な風を送ることになろう。日本で作られた〝虚像〟の故か、朝鮮学校を参観した後、「何か怖いところかと思っていたが、まったく普通の学校なんですね」と漏らした人もいる。かつて奪われた文字、言葉、歴史をとり戻そうと、自力で作り上げた学校、その朝鮮学校を支援する日韓市民の連携が生まれつつある。国連・人権機関からの日本への度重なる勧告に、この日韓連携が加われば、日本もいつまでも朝鮮学校差別を続けることはできないだろう。いや、それを許してはならないのである。

韓国版序文　再び、朝鮮学校

地球村同胞連帯（ＫＩＮ）／聖公会大学東アジア研究所　趙慶喜（チョ・キョンヒ）

本格的に韓国生活を始めた一〇年前、朝鮮学校を卒業した私に対し、ある韓国人は「韓国側に来てくれてありがとう」と言った。「朝総連学校」と呼ばれた長きにわたる時代を思えば、朝鮮学校出身者たちをありのまま認めることができないのは仕方のないことだったのかもしれない。

その後一〇年のあいだ、韓国社会と朝鮮学校は以前とは比較にならないほど近い存在となった。学校の土地をめぐって東京都知事と闘っていた枝川朝鮮学校に対する支援募金運動は、メディアを通して急速に拡散した。北海道朝鮮学校のささやかで、かつ濃密な日常を愛情深く撮ったドキュメンタリー映画『ウリハッキョ』も記憶に新しい。また、二〇一一年の東日本大震災と福島第一原子力発電所事故以後、福島朝鮮学校を支援する文化運動も進行中だ。二〇一四年には大阪朝鮮高校ラグビー選手たちの姿を撮った映画『60万回のトライ』が全州映画祭「ムービーコラージュ賞」を受賞した。

この飛躍的な交流と連帯を導いたのは、活動家や言論人、研究者たちの自己省察と南北統一に対する素朴な夢、そしてこれに賛同した無数の人々の思いだ。朝鮮学校をめぐる活動に接しながら、私は韓国社会の平凡な市民たちが持つ良心と道徳をみた。

二〇一四年のいま、なぜ再び「朝鮮学校」なのか？　今この時点で朝鮮学校に光を当てることにどのような意味があるのだろうか？　私たちは朝鮮学校について、本当に分かっているだろうか？　大学の授業で朝鮮学校について教えたり映像を見せたりすることがある。反応は概ね良好なのだが、学生たちの感想文には次のようなものが多い。「子どもたちの純粋さがとてもいい。ただ北韓式の教育を受けているのがもどかしい。学生たちの多くが韓国籍だというのだから、一日も早く韓国政府が彼らに対する責任を負わなければならない」

朝鮮学校を「朝総連学校」と呼んで忌避した時代と比べると、こうした反応はまだ「健全」だといわなければならないだろうか？

民主化以後に育った世代にとって、朝鮮学校は良くも悪くも馴染みのないところだ。朝鮮学校を一種のオルタナティヴ・スクール程度に考える傾向もある。しかし改めて言うまでもなく、朝鮮学校は長いあいだ以北との緊密な関係の中で維持されてきた。これはまぎれもない事実だ。在日朝鮮人がなぜそのような歴史を歩んできたのか。私たちが長いあいだ遭遇することができなかった歴史、つまり私たちの中の「不都合な真実」についての省察が必要な時がきている。脱分断時代と叫ばれて一〇年余りの月日が流れた現在、再び私たちは分断を克服するための歩みを、ゆっくり、しかし着実に始めなければならない。

この本は何人かの活動家たちが、このような問題意識を共有する過程で企画された。朝鮮学校に少しでも関心を持った普通の市民たちが、いつでも手軽に手に取ることができる、必要な情報を盛りこんだコンパクトな本を作ろう。検索エンジンを通してすぐに目に付くような、そんなアクセスのいい本を作ろう。実際に原稿を集めてみると、執筆者たちの情熱が私たちの当初の企画をはるかに越えていた。そのおかげで、充実した内容の本が完成した。

執筆陣はほとんどが現在日本で活動する在日朝鮮人と日本の専門家たちで構成された。Q＆Aは日本の「『高校無償化』からの朝鮮学校排除に反対する連絡会」の長谷川和男代表と田中宏（一橋大学名誉教授）をはじめ、金東鶴（キム・トンハク）、金優綺（キム・ウギ）、金静寅（キム・ジョンイン）、金香清（キム・ヒャンチョン）、金賢一（キム・ヒョニル）、文時弘（ムン・シホン）、宋恵淑（ソン・ヘスク）、梁英聖（リャン・ヨンソン）、張慧純（チャン・ヘスン）、森本孝子、千地健太が筆を執った。また、「朝鮮学校の歴史と現況」は佐野通夫（こども教育宝仙大学教授）が担当した。各執筆者たちの職責を一人ずつ明らかにしない理由は、彼らの活動領域が広範囲で多様だからである。朝鮮学校だけではなく、在日朝鮮人をはじめとした日本の外国人／多文化問題の専門家たちがこの本の企画と執筆を受け持ってくれたことは、私たちにとってとても大きな幸運だった。この場を借りて敬意と感謝の意を伝えたい。

そして、ともすると堅苦しい内容になりがちだった本書に、深い洞察と感性で彩りを与えてくれた李明玉（リ・ミョンオク）氏と申嘉美（シン・カミ）氏、具良鈺（ク・リャンオク）弁護士、在日朝鮮人と韓国社会の出会いの可能性を開いてくれた建国大学の金鎮煥（キム・ジナン）博士とモンダンヨンピル〔ちびた鉛筆〕代表の権海孝（クォン・ヘヒョ）氏にも深い感謝を示したい。彼らが投げかける珠玉の言葉が、何度も読者たちの胸を揺さぶるであろうと確信する。地球村同胞連帯（KIN・Korean International Network）のメンバーで作家の尹丙虎（ユン・ビョンホ）氏は、在日朝鮮人の経験をマンガに再現し本の内容をより豊かなものにしてくれた。原稿を丹念に推敲してくれたＫＩＮの裵徳鎬（ペ・ドッコ）代表と、すべての日本語原稿を翻訳して諸般の作業を責任をもって進めてくれたＫＩＮの裵芝遠（ペ・ジウォン）氏の苦労にも謝意を伝えたい。

最後に、私たちの準備が万全ではない条件であったにもかかわらず、出版を快く引き受けてくださった先人（ソニン）出版社のみなさんに深く感謝を申し上げたい。

（二〇一四年九月）

ひとつ

作詞／リ・ミョンオク、ユン・ヨンラン
作曲／ユン・ヨンラン

1．私が生まれた時から
愛する祖国は　ふたつだった
悲しい歴史が　この地を引き裂いても
心は互いに探し　呼び合ったよね
頬ずりしようか　抱きしめようか
夢にまで惹かれあう私たち
初めて会うのに　懐かしい顔
胸にはりついた痛み　全て溶かそう
共に歌おう　共に歌おう
この喜びを　誰に聞かせようか
この歌を　この踊りを　希望を
明日の私たちに

2．幼い心の中に思い描いた
愛する祖国は　ひとつだった
長い歳月に　のどが渇いても
心は互いの涙が潤してくれたよね
頬ずりしようか　抱きしめようか
嬉しさに話がはずむ私たち
初めて会うのに　懐かしい顔
この地に染みた涙　全て乾かそう
共に踊ろう　共に踊ろう
この喜びを　誰に見せようか
この歌を　この踊りを　希望を
明日の私たちに

＊ひとつになろう　ひとつになろう
この喜びを　誰に伝えようか
この歌を　この踊りを　希望を
明日の私たちに
明日の私たちに

【解説】この歌は、朝鮮学校の民族教育で学んだ在日朝鮮人女性によって作られました。

分断された祖国を憂い、ひとつになることを願わずにはいられない在日朝鮮人の思いを素直に表した朝鮮語の歌詞とその美しいメロディが、聞く人の心に染み入ります。韓国の音楽家たちにも愛され歌われ続けており、歌手グループ「ウリナラ」のCDアルバムにも収録されています。

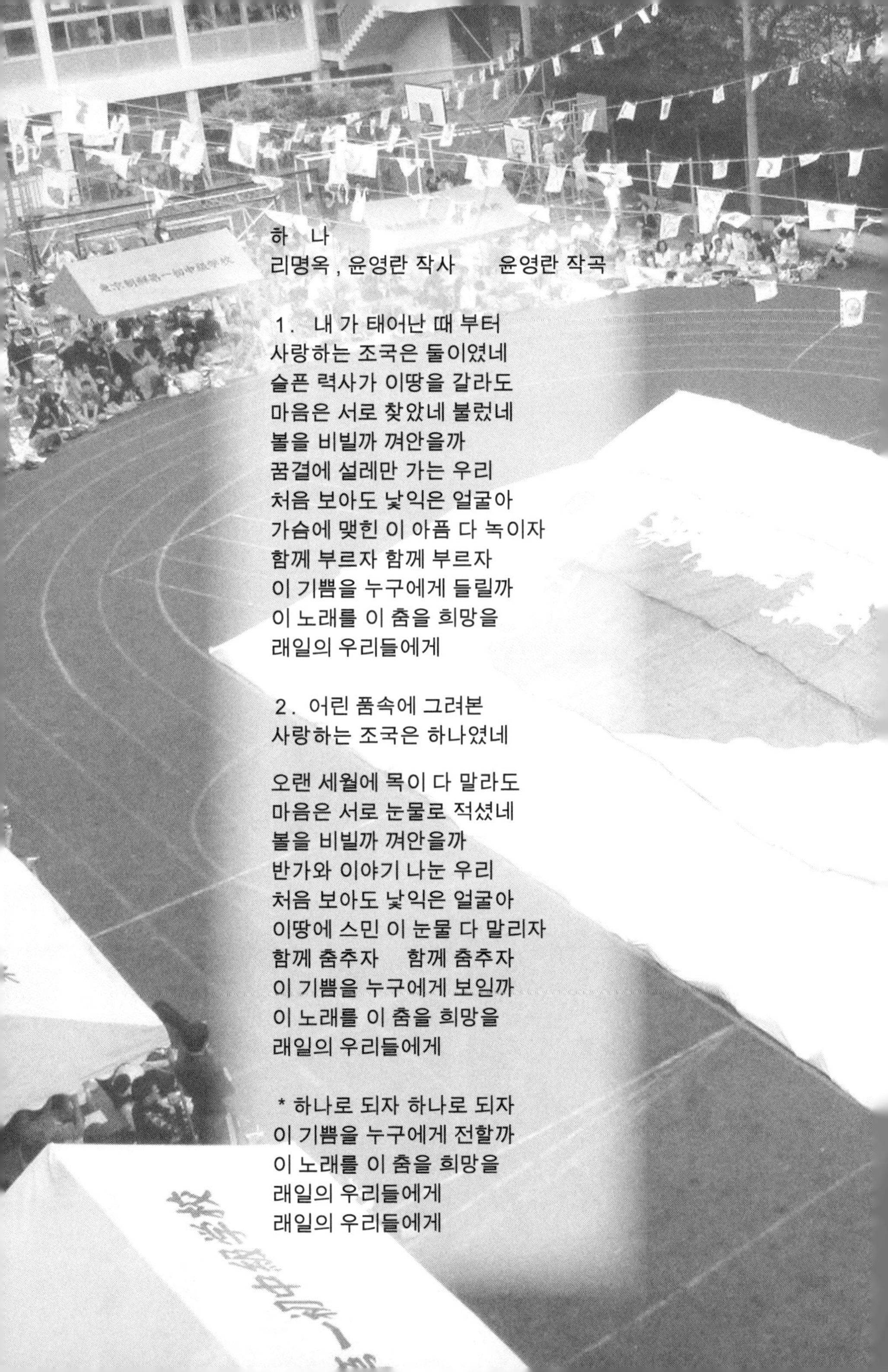

하 나

리명옥 , 윤영란 작사　　윤영란 작곡

1. 내 가 태어난 때 부터
사랑하는 조국은 둘이였네
슬픈 력사가 이땅을 갈라도
마음은 서로 찾았네 불렀네
볼을 비빌까 껴안을까
꿈결에 설레만 가는 우리
처음 보아도 낯익은 얼굴아
가슴에 맺힌 이 아픔 다 녹이자
함께 부르자 함께 부르자
이 기쁨을 누구에게 들릴까
이 노래를 이 춤을 희망을
래일의 우리들에게

2. 어린 품속에 그려본
사랑하는 조국은 하나였네

오랜 세월에 목이 다 말라도
마음은 서로 눈물로 적셨네
볼을 비빌까 껴안을까
반가와 이야기 나눈 우리
처음 보아도 낯익은 얼굴아
이땅에 스민 이 눈물 다 말리자
함께 춤추자　함께 춤추자
이 기쁨을 누구에게 보임까
이 노래를 이 춤을 희망을
래일의 우리들에게

* 하나로 되자 하나로 되자
이 기쁨을 누구에게 전할까
이 노래를 이 춤을 희망을
래일의 우리들에게
래일의 우리들에게

まんが「私と朝鮮学校」

画：尹丙虎（ユン・ビョンホ）
「息もできない」「4時限の推理領域」他、多数の映画のコンテ制作
「丹波マンガン記念館を活かそうキャンペーン」広報漫画ポスター制作

教室。
産休中の母が、臨時で授業をすることがあった。
預ける所がなくて子連れ出勤だった。
私の記憶に、初めて登場する朝鮮学校の姿だ。
授業を受けるお姉さん、お兄さんたちが私たちを見て手を振ってくれる。

本当に何ひとつなかった
解放直後に
昼ごはんよ
力のある者は力を、
お金のあるものは
お金を
知識ある者は知識を集め、
つくった朝鮮学校は
あっ、はい。
ありがとう
ございます。
試練を経ながら、
今日まで、わたしたちの子どもたちとともにある。
つかまらないよ～！
へへへ
私は朝鮮学校で、同じ年頃の友達と一緒に、とてもゆっくり、そして温かく、民族というものが肯定的に刻まれていく時間を過ごすことができた。

東京朝鮮高級学校では、３年の担任の先生のことが忘れられない。
ミョンオギ、放課後、ちょっと教員室に来て
私ですか？
1950 年代末
教育を受けた同胞は少なかったので、大学生が臨時の教師となったそうだ。
大学生だった先生も、そうして教師という職業に魅了され30年を過ごされた。
교무실
農学部、いいですね。だけど植物は話さないし、１年に一度、変化を確認できたり、全く変化がなかったり、そういったものじゃない？
私は高３の５月に遅まきながら大学進学を決心した。
あなたには植物よりも、話もすれば日々変化を見せる人を育てる仕事の方が、向いてるんじゃないかと思うけれど、どう？

キンコンカンコン～
딩동댕～
ミョンオギ、教員室に来なさい
私？
また？
また？
【教員室】
교무실
教師をしてきて、生徒たちに申し訳ないと思うことがあるとすれば、私が日本語を専攻した日本語教師ではないということ。私は専門家ではないのだと思い知らされることが何度もあったわ。だから、日本語を専攻した教師として帰って来てほしい。
딩동댕～동
キンコンカンコン
ミョンオギ
また？？
私がこの席を譲るから
교무실
教員室
いつの間にかその気になっていた
私は教師になるのよ！

私の通った大学では、朝鮮学校での教育実習は単位として認められないと先輩に聞いていた。

教職課程課
大学で教員免許を取るためには、教育実習が必要だ。

なんで朝鮮学校だったらダメなの？　同じ試験受けて入学して、同じ授業うけてるのに。

みんな母校で実習するのに、ダメなの？

朝鮮学校はダメみたい……

次の方、来てください。

これを書いてください。

そうだよ。ダメ元でやってみよう。

学校じゃないってどういう意味ですか？

私はこの学校の卒業資格で、普通に受験したんですけど。

確認だけでもしてもらえませんか？

ここは学校じゃないので、実習単位にはなりませんね。

教職課程を担当してるのに、そんなことも知らないんですか？

信じられない！もう、結構ですから！

꾹
グッ
その辺はわかりませんけどね、そもそも、そこの先生はどうやって教師になってるんですかね？

ああ、気分悪い！

教員免許なんか、こっちから願い下げだよ！

バタン
쾅!

部落民と朝鮮人はみんな死ね！

大学のトイレで、差別落書きが発見されることがあった。

大学側はどう対応するつもりですか？

두-둥
ジャーン
抗議のため、部落解放研究会の友人たちと担当者を訪ねた。

同じ空間にいる人についても、知らないし、知らないことにすら気づかないで、結果的に排除していることも認識できないのに、あなた方に何が差別かわかるんですか？

実際に差別があれば、きちんと対処します。

7

数日後、教職担当から簡単な電話が来た。
プルルルン
따르르릉
따르르릉
따르르릉
先の教職課程での対応も含めて、まとまりのない言葉で訴えた。努力するとの空しい返事のみを聞いて帰った。
私たちも初めて知ったのですが、単位認定の権限は完全に大学にあるということでした。ですので、朝鮮学校で実習してもらってけっこうですよ。
탁
カチャ
この頃の日本の極右によるヘイトクライムや、朝鮮学校が「高校無償化」から排除されている状態を考えると、あの頃の記憶がよみがえる。
黙れ
帰れ
POLICE
「高校無償化」から

第Ⅰ部
知ってみよう朝鮮学校

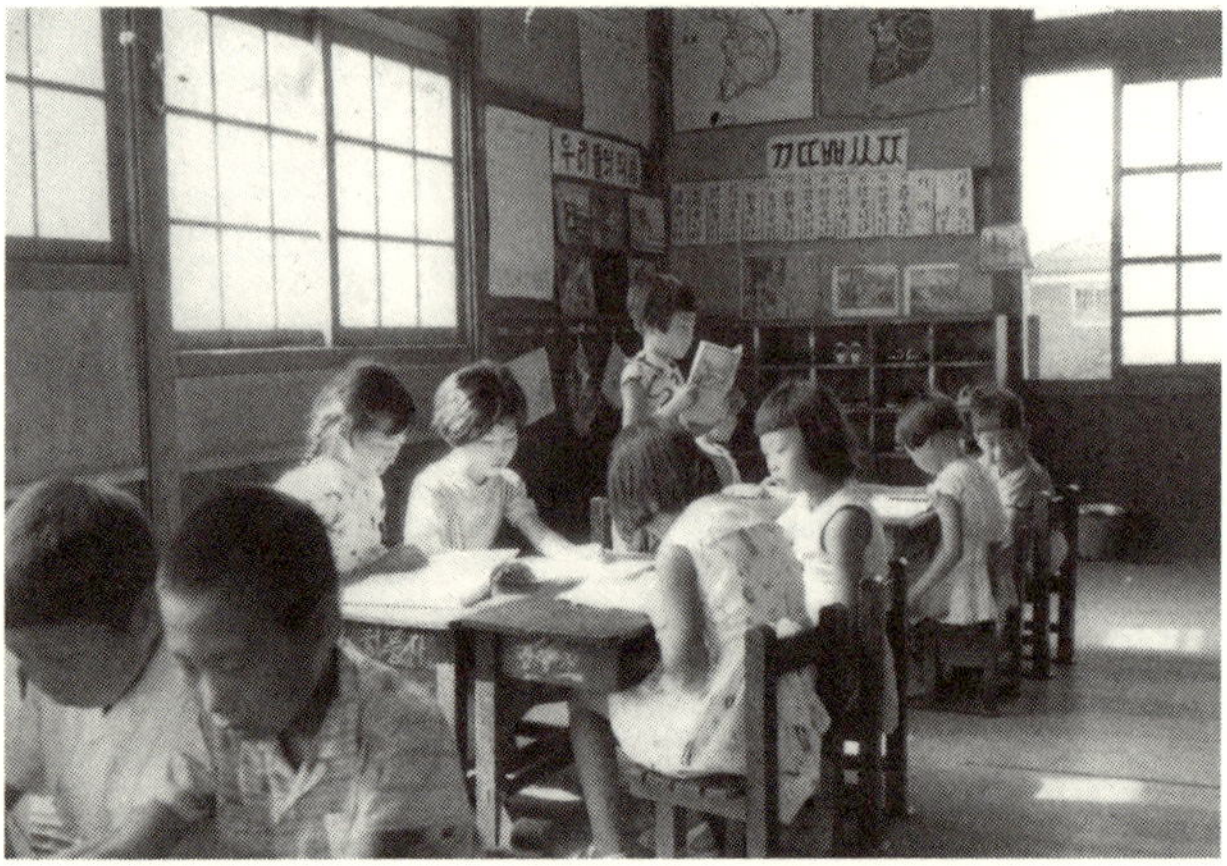

朝鮮学校Q&A

Q1　朝鮮学校は、いつ、どのように設立されたのですか？

A　日本の敗戦により朝鮮民族は植民地支配から解放されましたが、在日朝鮮人は、なによりもまず、植民地支配により奪われた「自らの言葉＝ウリマル」を取り戻そうと、貧困にあえぎながらもわずかなお金を出し合い、力と知恵をふりしぼって、日本の各地に「国語講習所」をつくりました。これが朝鮮学校のルーツです。当時、朝鮮半島は米ソ分割統治のもとにあり、本国からの国家的な支援を受けられるような条件も全くない状況でした。一方、日本政府も、植民地支配によって奪った民族性の原状回復に対する国家的義務を果たそうとはしませんでした。

そのような中、まさに自らの力以外に頼るもののない在日朝鮮人は、子どもたちのために民族の言葉、文化、歴史そして魂を継承させようとの思いをひとつにして、「知恵のあるものは知恵を、お金のあるものはお金を、力あるものは力を」をスローガンに「国語講習所」を設立し、そしてそれを国語、算数、理科、社会など普通教育として求められる教

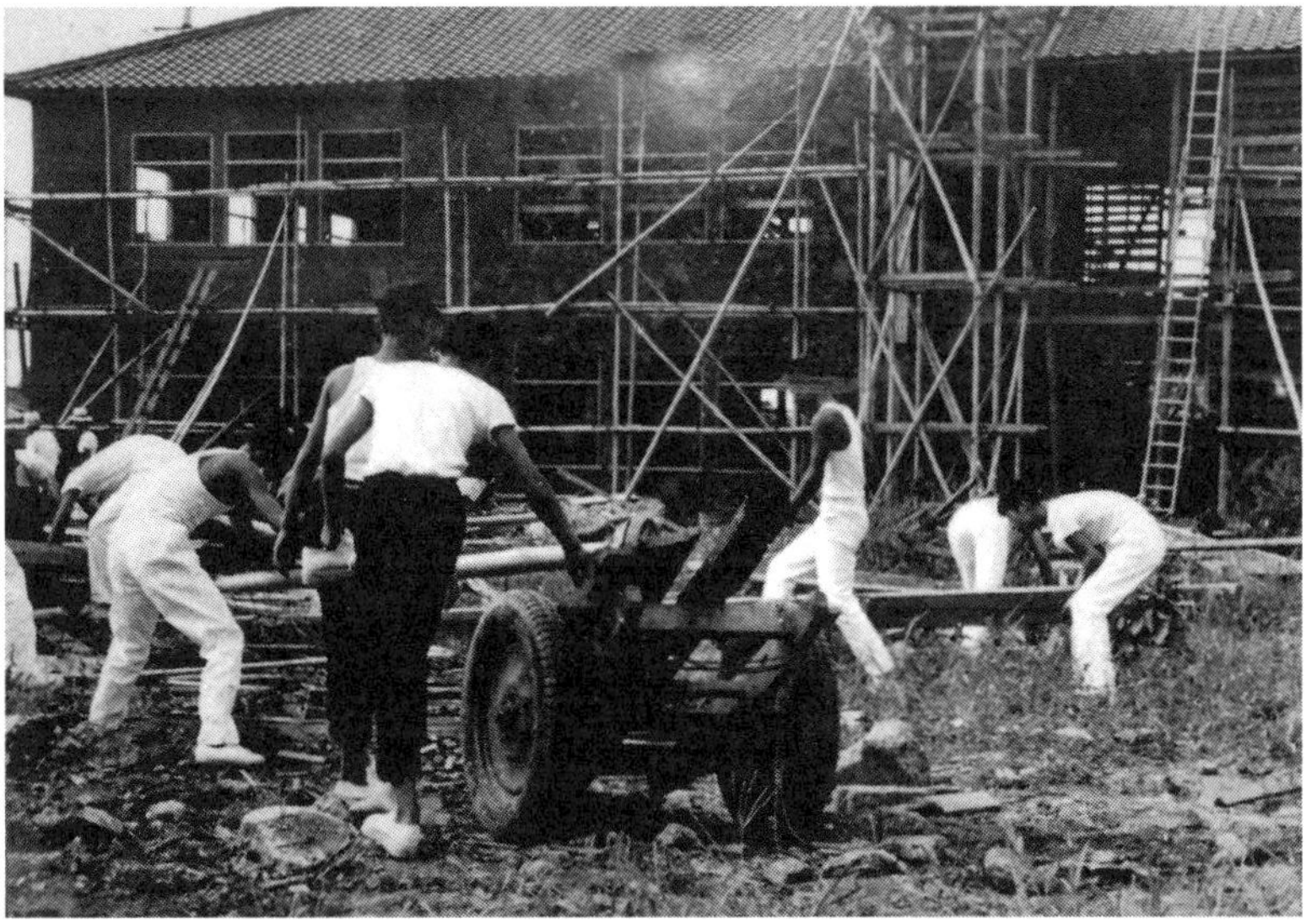

在日朝鮮人たちは自らの力で学校を建設していった。佐賀朝鮮初級学校を建設する在日朝鮮人たち

科を備えた学校へと発展させていったのです。その数は、一九四六年の秋には五〇〇校を超えるにいたりました。

Q2　朝鮮学校の「朝鮮」という名称は、なにを表わしているのでしょうか？

A　朝鮮学校では学校の名前だけでなく、「朝鮮民族」「朝鮮人」「朝鮮語」「朝鮮半島」というような表現を使います。民族の総称として「朝鮮」という表現を用いているのです。ちなみに、日本社会においても「韓半島」という言葉は定着しておらず、「朝鮮半島」というのが一般的です。韓国でも、最近では「朝鮮」はあまり使われないかもしれませんが、「朝鮮日報」や光州にある「朝鮮大学校」、ソウルにある「新世界朝鮮ホテル」など、朝鮮は本来民族の総称として使われてきました。朝鮮学校は解放直後、朝鮮半島の南北においてそれぞれ国家樹立が宣言される一九四八年よりも前から、その歴史が始まっています。「朝鮮」という名称は、「朝鮮民主主義人民共和国」を表す時に使われることもありますが、もともとは在日朝鮮人た

ちが民族の総称として使い始め、今日に至っています。

Q3　朝鮮学校の規模はどのようなものですか？　また、在学生はどこの国籍ですか？

A　朝鮮学校は、幼稚園：三八、初級部：五三、中級部：三三、高級部：一〇、大学校：一あり、併設校が多く、所在地としては現在、北は北海道から南は九州まで日本の各地六四か所にあります。

児童・生徒・学生数は、約八〇〇〇人であり、国籍に関しては、国際結婚する同胞もいることから数パーセントの「日本」籍者、またその他の外国籍もわずかにいるようですが、多くは「韓国」籍者と「朝鮮」籍者です。最近では「韓国」籍者が「朝鮮」籍者より多い学校が増えてきているようです。

ただ国籍の問題は少し複雑です。「日本」国籍と言っても、父母の一方が日本籍で、もう一方が民族国籍（「韓国」もしくは「朝鮮」）の場合、日本では韓国と同様に二二歳までは二重国籍が認められているので、たとえば「日本」籍で登録されていても実際は韓国籍も併せ持っているというケースが多々あります。

また、「朝鮮」「韓国」というのも、これはあくまで日本が外国人を登録するために、一九四七年五

月に設けた外国人登録制度において使われてきたものです。日本政府が同制度施行時より用いてきた「朝鮮」籍というのは、朝鮮半島出身者とその子孫に対し、その出身地、ルーツの地名を示す表記として使われてきたもので、朝鮮民主主義人民共和国を意味するものではありませんでした。

「韓国」籍についても、この表記が大韓民国政府の要求によって認められたのが一九五〇年ですが、当初は「朝鮮」籍同様、朝鮮半島出身者の出身地を示す表記以外の意味はないと日本政府自ら説明していました。「韓国」籍については、一九六五年の日韓国交正常化を機に、地名を示す表記ではなく「国籍」扱いにするということになりました。このような複雑な経緯の中、当初すべて「朝鮮」籍だった同胞の中で、徐々に「韓国」籍を有する人が増えていくことになります。ただ、当然のことながら、国籍はどの国であっても勝手に他国の国籍を付与することはできません。どんな国であっても、あくまで自国の国籍を付与し自国民とすることができるだけです。つまり、在日朝鮮人の国籍について、日本政府が北だ、南だとするような権利はそもそもないのです。

大韓民国の法令も朝鮮民主主義人民共和国の法令も、ともに在日朝鮮人を自国民と規定しています。その意味から在日朝鮮人は、実体法上は南北どちらの国籍も有しているということになるのです。

少し話が難しくなってしまいましたが、いずれにせよ、日本には物理的な三八度線はありません。そして何よりも、多くの在日朝鮮人の子どもたちにとって、民族教育を受けられる唯一の学校が朝鮮学校です。朝鮮学校に通う「韓国」籍の子どもたちが決して少なくない理由は、このようなところにあるでしょう。

Q4　朝鮮学校の歴史は差別と弾圧の歴史だと聞きましたが、その中でも象徴的なものを教えてください。

A　植民地支配によって奪われた民族の言葉や文化を取り戻し、「自分が何者であるかを教えてくれる」（映画『ウリハッキョ』の金明俊（キム・ミョンジュン）監督の言葉）朝鮮学校は、その誕生から今日まで幾多の困難・受難を乗り越えてきました。

一九四八年には、武力を伴う廃校攻撃が行われました。アメリカは、当初の日本帝国の非軍国主義化と中立化構想から、日本をアジア支配の前線基地化する方向に舵を切り、朝鮮学校の存在を敵視します。アメリカ占領軍マッカーサー総司令官の指示を受けた日本政府・文部省は、一九四八年一月、各都道府県知事に対して、「朝鮮人設立学校の取り扱いについて」という通達を出し、朝鮮学校の閉鎖と生徒の日本学校への編入を指示しました（朝鮮学校閉鎖令）。

この閉鎖令に対して、在日朝鮮人の圧倒的多数を結集して結成された在日本朝鮮人連盟（朝連）の指導の下、各地で民族教育、朝鮮学校を守ろうとする闘いが展開され、時には警官隊が学校にこもって抗議する子どもたちや教職員を暴力的に排除するなど、厳しい闘いが展開されました。山口県では抗議行動の結果、朝鮮学校閉鎖の県当局の要求を取り下げさせ、朝鮮学校の継続運営を承認させる成果を上げました。兵庫県神戸市でも連日にわたる要請・抗議行動が繰り広げられ、四月一五日交渉約

金太一少年の肖像

束を反故にした知事に抗議するために座り込みをしていた在日朝鮮人七三名全員が警官隊によって逮捕拘束され、二三日には学校閉鎖が強行されました。四月二四日には県庁前に一万人が抗議のために集まり、代表が県知事室で知事と直接談判し、朝鮮学校閉鎖令を取り消し、今回の事態に関して朝鮮人の責任を問わないという合意文書も勝ち取りました。

しかし、同日深夜、横須賀から急遽駆けつけた米第八軍司令官アイケルバーガー中将によって、「非常事態宣言」が発せられ、合意文書は破棄されました。日本占領期間で唯一の「非常事態宣言」でした。そして、その後米軍によって三日間で一七三二名もの在日朝鮮人が逮捕され、中には事件に関係していない人まで朝鮮人であるというだけで逮捕され、留置場に放り込まれました。そのうち一三六名が裁判に付され、さらに三九名が「運動の首謀者」として軍事裁判に付され、一五年の重労働五名、一二年一名、一〇年一名、五年以下の重労働が五名という判決を受けました。

大阪でも激しい闘いが展開され、四月二三日には一万五〇〇〇人もの朝鮮人が大阪府庁前で抗議行動をし、二六日には三万人もの抗議を背景にして府知事との交渉をもちましたが、知事室にはGHQの大阪府軍政部長グレーグ大佐が現れて露骨な恫喝を行い、刑務部長を通して、知事室からの退去および五分以内の解散を命じるとともに、群衆に向かって、消防車による放水ばかりでなく、発砲によって威嚇しました。この時、一六歳の金太一（キム・テイル）少年が警官の弾に当たり亡くなりました。

これらの闘いを総称して「4・24民族教育闘争」または「4・24阪神教育闘争」と呼んでいます。この闘争の参加者は延べ

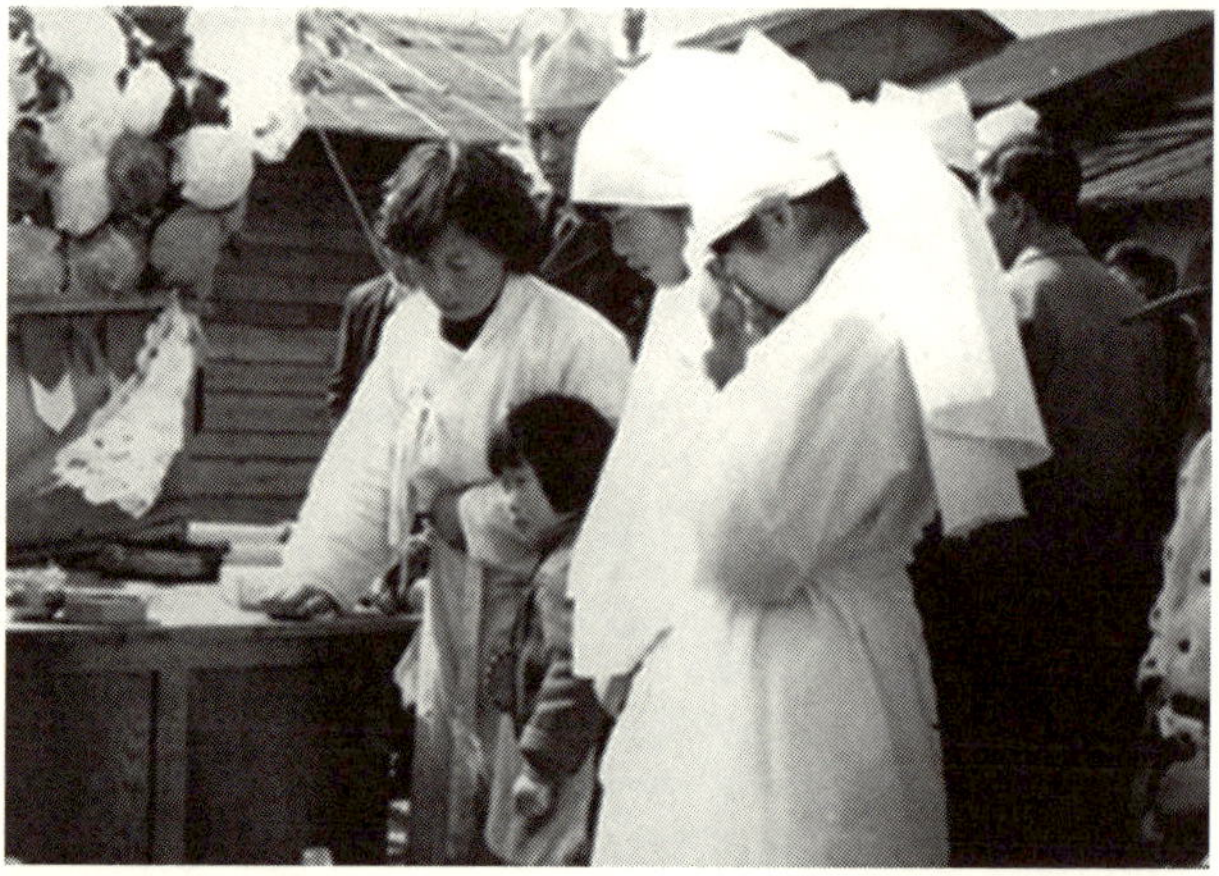
金太一少年の葬式

一〇〇万三〇〇〇人、被検挙者三〇〇〇余人、負傷者一五〇人余、死亡者二名でした（この中にはともに闘った日本人も含まれています）。在日朝鮮人民族教育擁護闘争史上、最大の事件です。

死者二名のもう一人は、兵庫県の闘争を指導した朴柱範（パク・チュボム）朝連兵庫県本部委員長です。朴委員長は逮捕後、苛烈な拷問を受けて、釈放後数日で亡くなりました。亡くなった金太一少年が、東京の青山墓地にある「無名戦士の墓」に葬られていることが分かったのは二〇〇六年のことですが、二〇一三年は4・24から六五周年ということで、東京で初めてこの墓前で追悼のマダンが持たれました。そして、二〇一四年のマダンでは、最近発掘された4・24を偲ぶ「歌による詩劇」（南時雨・作）が披露されました。この長文の詩劇には、当時の闘いの跡が鮮明に描かれています。また、九一歳の長老は金少年が射殺された現場から五〇メートルのところでその場を目撃し、解散しようとした人々に向けて警官は水平射撃を行い金少年は殺されたと、今なお鮮明な記憶力で体を震わして証言されました。

形は変わっても、4・24のような朝鮮学校廃校攻撃は、無償化排除・補助金廃止、そして、朝鮮学校への誹謗中傷をあおる人々によって、今なお継続されているといえるでしょう。

4・24民族教育闘争の翌年である1949年にも、日本政府は朝鮮学校閉鎖令を下して民族教育を弾圧した（写真は1950年12月、愛知県守山市における弾圧）

Ｑ５　朝鮮学校を運営していくなかで、どのような困難、障害がありましたか？

Ａ　朝鮮学校にとって最大の障害は、在日朝鮮人の民族教育に対する日本政府の「敵視」と制度的差別だと言えるでしょう。一九六五年に出された文部事務次官通達は、「朝鮮人としての民族性または国民性を涵養することを目的とする朝鮮人学校は、わが国の社会にとって、各種学校の地位を与える積極的意義を有するものとは認められない」と明言しており、この考え方は現在もほとんど変わっていません。

現在、朝鮮学校は「各種学校」という法的地位に置かれていますが、これは自動車教習所や私的な塾と同じ地位であり、義務教育や後期中等教育、高等教育を担う正規の学校としては認められていないのが現状です。このため、子どもたちは様々な差別や不利益を被ってきました。

通学定期券を購入するときの割引率の格差（一九九四年に是正）、各種の学校競技大会への参加制限（九〇年代に段階的に解決）、日本学生支援機構（旧日本育英会）や朝鮮奨学会の奨学金が受けられない、進学の際に朝鮮学校卒業生の大学受験資格が認められない（二〇〇三年に一部改善）、学校への寄付金に対する優

遇税制上の差別（公的な助成が少なく、授業料と寄付金による自主運営を強いられている朝鮮学校にとって重要な問題）といった問題です。

朝鮮学校に対する公的助成がきわめて少ないことも問題の一つと言えるでしょう。朝鮮学校の保護者は、当然のことながら、日本人と全く同じ割合で納税義務を果たしていますが、その子どもの教育に対して納税に見合う公的助成がなく、教育費を自己負担しなければなりません。これは大きな負担です。国からの助成はいっさいなく、一九七〇年代以降、徐々に実施され増額されてきた地方自治体による補助も、「高校無償化」からの朝鮮学校排除問題を契機として、一部自治体では補助金のカットや減額が行われています。経済的な困難は、学校施設の耐震化の遅れ、教員の負担などにつながります。

また、日本と朝鮮民主主義人民共和国との間で緊張が高まると、朝鮮学校やそこに通う子どもへの嫌がらせや暴行事件が繰り返されてきました。通学中の女子生徒が、制服であるチマチョゴリを切り裂かれた事件（一九九四年と九八年）は、このことを象徴する事件です。現在、女子生徒は、チマチョゴリではなく通学用の第二制服（ブレザー）の着用を余儀なくされています。

Q6　「高校無償化」制度から朝鮮高校が対象外になった経緯を教えてください。

街の中心部でのコリアンに対するヘイト・デモ

A

日本では、小・中の九年間の義務教育は無償ですが、それを高校まで拡大したのが、二〇一〇年四月から始まった「高校無償化」制度です。それは、高校だけでなく、同じ年齢の子どもたちが通う専修学校や各種学校である外国人学校も、その対象とされました。外国人学校は、（イ）本国の高校に相当する学校、（ロ）国際的教育評価機関の認定を受けた国際学校、（ハ）その他、の三つに分類され、四月三〇日には、さっそく（イ）として韓国学校、中華学校、ブラジル学校など一四校、（ロ）として北海道から沖縄までの国際学校一七校、計三一校が、それぞれ指定されました。

朝鮮学校は、一九四五年八月の日本の敗戦（朝鮮では解放）直後から、在日朝鮮人が奪われた言語、文化、歴史をとり戻すために自力で作りあげた民族学校で、日本と同じ六・三・三制となっています。一九五七年から朝鮮民主主義人民共和国が朝鮮学校に教育援助金を送っていますが、日本の朝鮮学校は朝鮮本国の学校制度とは異なっています。高校無償化でも、（イ）でなく（ハ）に該当するとされました。

（ハ）については、別途、専門家による検討会議が設けられ、八月、「高校の課程に類する課程を置く外国人学校の指定に関する基準」が公表され、一一月、「（ハ）の規定に基づく指定に関する規程」を公布し、指定の基準及び手続きを定め、申請期間を一一月三〇日とし、朝鮮高校一〇校も申請を済ませました。

朝鮮高校が対象となることについては、早くは二〇一〇年二月、中井洽拉致問題担当大臣が、除外を文科大臣に要請したことが報道されました。そして、同年一一月、延坪島事件が起こると、菅直人首相は、審査手続きの停止を命じました。高校無償化という、すぐれて教育に関する事柄に、政治・外交的なものをからませたのです。菅首相は二〇一一年八月、退任にあたって審査の再開を命じましたが、次の野田佳彦内閣は審査を引き伸ばし、二〇一二年一二月退陣、そのまま民主党政権は崩壊しました。

また、「北朝鮮帰国者の生命と人権を守る会」という団体は、当初は脱北者支援を中心に活動していましたが、二〇一〇年以降「朝鮮学校バッシング」に力を注ぐようになりました。高校無償化からの朝鮮学校除外、さらには地方自治体による朝鮮学校補助金のカットを求め、東京、大阪、神奈川、千葉、埼玉、広島などの都府県で現実化しています。

二〇一二年末の総選挙の結果、自民党・公明党による第二次安倍晋三政権が登場すると、早速、「高校無償化」制度からの朝鮮学校除外を断行しました。「良い韓国人も悪い韓国人もどちらも殺せ」「朝鮮人首吊レ　毒飲メ　飛ビ降リロ」などのヘイトスピーチが、東京・新大久保や大阪・鶴橋などの街頭で吹き荒れるようになったのも同じ頃です。それらは主に「在日特権を許さない市民の会（在特会）」という団体によるものです。

二〇一三年二月の朝鮮による核実験を受けて、神奈川県が補助金カットを発表し、東京・町田市は児童への防犯ブザーの配布を朝鮮学校のみ除外する（後に撤回）など、朝鮮の動向を口実に朝鮮学校を差別する風潮が根強くあります。高校無償化からの朝鮮高校除外を決定した下村博文文部科学大臣も、「拉致問題に進展がない」「朝鮮総連と密接な関係にあり、教育内容、人事、財政にその影響が及んでいる」ことをその理由としました。二〇一三年五月、朝鮮高校無償化除外問題は、国連の社会権規約委員会でも取り上げられ、日本政府はこうした理由で弁明に勤めましたが、審査後の「総括所見」では「朝鮮高校除外は差別であり、同じように就学支援金を支給すべき」との結論が出されました（二〇一四年八月、国連・人権差別撤廃委も、高校無償化からの朝鮮高校除外及び一部自治体による補助金カットの是正を勧告）。日本の弁明は国際社会ではまったく通用しないのです。

ジャパン・タイムスの社説（二〇一三年四月一二日付）では、最後を「今回の町田市の問題は、この国全体に吹き荒れる非常に不穏な動きの一部である。いくつかの地方自治体は朝鮮学校への補助金支給を停止、安倍内閣は朝鮮高校を無償化制度から除外した。これらの決定は撤回されるべきであり、生徒たちを政治的な人質として利用することは間違っている。生徒たちを利用すれば、日本における朝鮮人差別を煽るだけである」と結んでいます。

Ｑ７　市民の朝鮮学校に対するイメージは決してよいとはいえないと思いますが、今後、どのような取り組みが必要でしょうか？

Ａ　「高校無償化」の対象から朝鮮学校だけが排除された日本の現実が、現在の日本の状況を如実に物語っています。安倍政権が朝鮮学校を排除したことに対して、政権を揺るがすような世論を巻き起こすことは、残念ながらまだできていません。多くの市民が朝鮮学校を直接見た経験がなく、どんな教育が行われているか知りません。日本に永住する在日朝鮮人は、日本人が納めている税金をすべて同じように納税していることも、知らない人が多いのです。一部マスコミや右翼的政治家が流すネガティブキャンペーンに、簡単に惑わされてしまう日本人も少なくありません。

もちろん朝鮮学校の支援を、戦後間もないころから地道に続けてきた人びともいました。日本教職員組合（日教組）の若手の人たちの中から、地元の朝鮮学校と交流する取り組みも生まれています。東京では「日朝教育交流のつどい」が、四〇年にわたって続けられています。

そして新しい流れが生まれたのは、二〇一〇年でした。「高校無償化」制度から朝鮮学校だけを排除する日本政府の対応が差別であることを、多くの日本人に目に見える形で突き付けたからです。「『高校無償化』からの朝鮮学校排除に反対する連絡会」（略称「無償化連絡会」）の活動経過は、朝鮮学校の民族教育に共感し、「支援することが日本人としての責任だ」と考える人が少しずつ増えていることを物語っています。

二〇一〇年三月二七日の東京・代々木公園で開かれた「朝鮮学校排除反対」の集会とデモは、呼びかけからわずか一週間で賛同団体七〇、参加者一〇〇〇人を数えました。六月二七日の芝公園での集会とデモは賛同団体一四四、参加者一二〇〇人、九月二六日の社会文化会館の全国集会とデモは賛同団体二四九、参加者一五〇〇人へと着実に増えていきました。

二〇一一年二月二六日の代々木公園「怒りの大集会」は、賛同団体二六七、参加者二〇〇〇人を超えました。豊島公会堂で開かれた六月二三日の集会には、映画『ウリハッキョ』の金明俊監督が、モンダンヨンピルを代表して来日、連帯の挨拶をされました。九月二四日にはモンダンヨンピルと「無償化連絡会」の交流会で共同声明が調印され、韓国と連携した運動へと発展していきました。一二月三日、大田区民ホールで開催された集会には、権海孝さんをはじめモンダンヨンピルのメンバーも出演し、賛同団体三二九、参加者一五〇〇人を数えました。

二〇一二年三月一日の代々木公園での集会とデモは、賛同団体三四〇、参加者一八〇〇人でした。六月二二日に中野ゼロホールで開催した「モンダンヨンピル・チャリティコンサート」は、会場に入れない人がたくさん出るほどの大盛況で、会場にあふれる一五〇〇人の聴衆と出演者が一体となったコンサートになりました。

二〇一三年三月一日、日比谷野外音楽堂は「朝鮮学校排除糾弾！」の五〇〇〇人を超える市民が集まり、ヘイトスピーチを大音量でがなりたてる「在日特権を許さない市民の会（在特会）」の妨害にもかかわらず、銀座の街を整然とデモ行進しました。このようにあからさまな朝鮮学校への差別に反対し、朝鮮学校を支援しようという輪が拡がってきたのです。

「無償化連絡会」では、このような集会や街頭でのアピールのみならず、朝鮮学校への理解を促すために実際に朝鮮学校に赴き、授業参観や教職員や保護者らと対話する企画も続けていますが、まさに百聞は一見しかず、朝鮮学校に直接参観することで、朝鮮学校への偏見を無くし、好感を持つ、あるいはその重要さを認識する人がほとんどです。

日本社会の中で、朝鮮学校への理解を進めるためには、こういった取り組みの輪をさらに拡げていくことが大事だと言えるでしょう。

Q8　朝鮮学校に対する差別などの状況を、国際社会はどうみているのでしょうか？

A　日本が批准した国際人権諸条約のうち、教育の権利を差別なく平等に保障するよう明記されている社会権規約、自由権規約、子どもの権利条約、人種差別撤廃条約などの遵守状況を審査する各委員会は、日本審査後に発表する「総括所見」のなかで、朝鮮学校に対する差別の是正を求める勧告をたびたび出してきました。

例えば二〇〇一年八月には社会権規約委員会が「……締約国が、マイノリティの学校およびとくに朝鮮学校が国の教育カリキュラムにしたがっている状況においては当該学校を正式に認可し、それによって当該学校が補助金その他の財政援助を得られるようにすること、および、当該学校の卒業資格を大学入学試験の受験資格として承認することを勧告」（E/C.12/1/Add.67,para60）しています。

また、二〇〇八年一〇月に行われた自由権規約委員会は、「国による補助金を増大し、朝鮮学校への寄付を行う者に他の学校に寄付を行う者と同じ財政的な利益を与えることによって、朝鮮学校の適切な資金援助を確保し、朝鮮学校の卒業証書を直接大学入学資格として認めるべきである」（CCPR/C/JPN/CO/5,para31）という勧告を出しています。

Q6で詳しくみた高校無償化からの朝鮮学校排除問題に関しては、高校無償化制度が施行される直前の二〇一〇年三月に、人種差別撤廃委員会から日本において「現在、公立および私立の高校、専修学校、高校と同等の教育課程を持つさまざまな教育機関を対象とした、高校教育無償化の法改正の提案がなされているところ、そこから朝鮮学校を排除するべきことを提案している何人かの政治家の態度」（CERD/C/JPN/CO/3-6,para22(e)）について懸念する「総括所見」が出されました。

また、二〇一三年四月に開催された社会権規約委員会では、全委員を代表してシン・ヘス委員が「高校無償化」は教育に対する平等の権利を保障するものであり、朝鮮高校の生徒たちと拉致問題との間には何の関係もなく、生徒らを排除する理由にはならないと鋭く指摘するとともに、日本政府の措置は日本で生まれ育った子どもたちの教育の権利を奪うことになると厳しく追及しました。

しかしながら日本政府は、拉致問題や朝鮮学校と朝鮮総連との関係などを指摘しながら、日本国民の税金を朝鮮学校のような学校に対して支給することは国民の理解を得られないと抗弁しました。そうしたやり取りを経て同年五月に発表された「総括所見」で委員会は、「高校教育授業料無償化プログラムから朝鮮学校が除外されていることを懸念する。これは差別である。差別の禁止は、教育のあらゆる側面に全面的かつ即時的に適用され、また国際的に定められたすべての差別禁止事由を包含していることを想起しつつ、委員会は、高校教育授業料無償化プログラムが朝鮮学校に通う子どもたちにも適用されることを確保するよう、締約国に対して求める」（E/C.12/JPN/CO/3,para27）という厳しい勧告を出しました。

しかしながら日本政府は、朝鮮学校への差別是正を求めるこれらの国連勧告を、真摯に受け止めてきませんでした。それればかりか、二〇一三年六月一八日に安倍内閣は、国連の勧告は法的拘束力を持つものではなく、締約国に従うことを義務づけているものではないとする「答弁書」を閣議決定したのです。

二〇一四年八月にも国連・人種差別撤廃委員会の対日審査が行われましたが、「総括所見」では朝鮮学校の処遇に対する懸念も示され、朝鮮学校への補助金支給の再開および維持、また、「高校無償化」制度適用の実施を奨励するよう勧告しました。

国連勧告を受け入れようとせず、国際社会に背をむける日本政府の姿勢に対し、日本の国内外から批判の声が高まっています。

Q9 「無償化制度」からの朝鮮学校排除という差別に対する、学生たちの思いはどのようなものでしょうか。

A 「なぜ、私たちだけが無償化対象から除外されるのでしょうか？ 学校でいつも授業を受け、休み時間にはおしゃべりをし、クラブ活動に情熱を注ぐいわゆる普通の高校生である私たちがなぜ、除外されなければならないのでしょうか？ これは明らかに民族差別ですし、学ぶ権利の侵害です」（民族教育問題協議会『朝鮮学校への高校無償化適用を願って』二〇一一年）。

朝鮮高級学校に通う生徒の素直な思いです。

「高校無償化」制度からの朝鮮学校外しが浮き彫りになった直後から、朝鮮学校の生徒や保護者、関係者をはじめとした在日朝鮮人や支援者は、差別なき制度適用を求めて様々な運動を繰り広げ、全国各地で街頭に出てビラを配り、署名を集め、「朝鮮学校外し」の不当性を訴えてきました。朝鮮高級学校の生徒たちも、勉強の時間やクラブ活動の時間を割いてまで、街頭宣伝や署名集めを行ってきました。そして二〇一〇年と二〇一二年には、各地の朝鮮学校の生徒たちが直接文部科学省に赴き、集めた署名を提出し、次のような声を届けました。

「この間、日本市民たちが私たちに励ましの言葉をかけ、協力してくれるたびに、私たちの主張は間違っていないことを実感しました。学びの権利を奪うことは、人権侵害であり差別です」「朝鮮敵視、

朝鮮学校にも高校無償化制度を適用することを求める学生たちの抗議行動

民族差別の風潮の中で朝鮮人として堂々と生きることは、容易なことではありません。私たちは、自国の歴史や文化を習いたいだけなのに、どうして……。学ぶ権利は、国籍や人種を問わず与えられるべきです」（二〇一〇年文部科学省に要請に行った朝鮮高級学校生の発言より）

　しかし、二〇一二年一二月に発足した安倍晋三内閣は、早々に「高校無償化」制度からの朝鮮学校の完全排除を発表。それを受け、二〇一三年一月二四日に大阪（原告：大阪朝鮮学園）と愛知（原告：生徒・卒業生一〇人）で、八月一日に広島（広島朝鮮学園が原告の行政訴訟と生徒・卒業生一一〇人が原告の国家賠償請求）で、一二月一九日に福岡（原告：生徒・卒業生六八人）で、そして二〇一四年二月一七日に東京（原告：生徒六二人）で、それぞれ「無償化」裁判が提訴されることになりました。

　また、卒業生や保護者も朝鮮学校差別に反対する闘いを続けています。朝鮮大学校の学生たちは、二〇一三年から文部科学省前で、「高校無償化」制度の朝鮮学校への即時適用を求める抗議行動を行ってきました。朝鮮学校生徒のオモニたちは、二〇一三年四月から五月の国連社会権規約委員会による日本政府の報告書審査に際して代表団を送り、「高校無償化」制度からの排除をはじめとする日本政府の朝鮮学校に対する差別的政策の不当性を国連の場で訴えました。

　さらに、二〇一四年七月に開かれた国連・自由権規約委員会の対日審査

京都朝鮮初級学校で流しそうめんを楽しむ児童と保護者たち

にあわせ、代表として派遣された朝鮮大学校の学生たちがジュネーブで積極的なロビー活動を行い、その後に、日本のNGOや国連・人権高等弁務官事務所の職員らと意見と情報を交換しながら交流をはかるなど、精力的に活動しました。同年八月には人種差別撤廃委員会の対日審査にあわせて、在日朝鮮人各団体が代表をジュネーブに派遣し、多くの成果をえました。

日本政府による朝鮮学校差別が続く限り、在日朝鮮人の闘いは続いていくでしょう。

Q10　日本学校に子どもを通わせれば、大きな問題もおこらないようにも思うのですが、保護者はどのような心情で子どもたちを朝鮮学校に通わせているのでしょうか？

A　日本の公立学校では授業料そのものは無償で、私立学校でも国からの補助金や高校の場合は就学支援金制度があります。したがって、子どもを日本学校に送ればそれらの制度が適用され、確かに保護者の経済的負担は少なくなるでしょう。

しかし、日本学校では朝鮮民族としての民族教育を受けることはできません。大阪など、ごく一部の学校で民族学級という形で、在日朝鮮人の子どもたちに一週間のうち数時間のみ、民族教育を実施

する取り組みが行われていますが、これも日本政府が奨励しているものではないため、大きな拡がりを見せてはいません。植民地支配の清算がまともになされず、敗戦後の日本においても、日本に住み続けるなら「日本人になりきりなさい」という考えが、政策に反映されています。

そのため、日本学校に通う在日朝鮮人の子どもの多くは、自民族の言葉も解せず、歴史もよく知らないまま成長することになります。さらには朝鮮人蔑視の感情は根強いばかりか、昨今問題になっている街頭でのヘイトスピーチに象徴されるように、その差別意識が拡大再生産されているような日本社会において、子どもを日本の学校に通わせた場合、自己肯定感、自尊感情を持つことができず劣等感に苛まれることになりはしないかと心配する親は少なくありません。

現在、子どもを朝鮮学校に通わすあるオモニは「私は日本学校に通っていましたが、髪型を変えたりリボンをつけたりすると〝朝鮮人のくせに！〟と言われたり、クラスに転校生が来るたびに〝あの子は朝鮮人だから気をつけて〟と陰口を言われたり、とても悲しい思いをしました。父母にそのことを打ち明けると、いつも〝勉強で見返せ！〟と言うのですが、がんばって一番になっても朝鮮人であるという状況は変わることはなく、学校の先生から〝なぜ帰化しないの？〟と言われ、その当時、自分にとっての最大の不幸は朝鮮人の親から生まれたということでした。朝鮮学校に子どもを通わせている理由の一つには、私自身のこのような差別の経験があります」と語ります。

多くの在日一世もこのような体験を、植民地期にしており、朝鮮学校が設立された背景には、こうした思いを子どもたちにはさせたくないという在日朝鮮人たちの思いがあるのです。

そのオモニは言います。「私たち朝鮮人が出自を恥じることなく、自尊感情をもって生きていくためには、自らの民族的アイデンティティが確固たるものでなければなりません。そのためには民族の歴史・文化・言葉の習得は不可欠です。そうなると朝鮮学校しかないのです。でも、子どもたちは朝鮮学校でそれらを学ぶだけではありません。子どもたちは未来の同胞社会の担い手として、教員をはじめ学校関係者や地域の同胞からもとても大切にされ、たくさんの愛情を受けて育ちます。同胞たちに温かく見守られながら、朝鮮民族の一員としての自負心とアイデンティティを育みます」と。保護者の中には、このオモニのように日本学校だけに通った人もいれば、朝鮮学校だけに通った人も、また日本学校、朝鮮学校の双方に通ったことのある人など様々ですが、朝鮮学校のこのような魅力は、朝鮮学校への差別処遇、またそれ故の授業料負担を差し引いても余りある、このように考えていると言えるでしょう。

Q11　朝鮮学校は朝鮮民主主義人民共和国の学校なので、国益に反するという声もありますが？

A　韓国や日本の国益を害しうると思われる方がいるかもしれませんが、朝鮮学校は、在日朝鮮人の民主主義的民族教育を目的とした、日本の学習指導要領に準じた教育内容を教える六・三・三・四制の全日制の教育施設です。

「反日教育」をしているとか、「スパイ養成所」ではないのかという主張は、日本の極右勢力の主張です。

朝鮮学校の歴史教育では、日本帝国主義による植民地支配とこれに抵抗する民族の歴史が重視されています。それに、解放後の大国による外圧を背景とした分断体制の矛盾と、これを克服しようとする南北・在外朝鮮人の民主主義と統一を求める歴史も、重要な内容です。これらは在日朝鮮人という存在を理解するうえで、不可欠な近現代史だからです。

このことが「韓国や日本の国益を害する」ものでないことは明らかです。確かに、教育において日本と韓国が批判的に扱われる場合もありますが、それはあくまでも主に日本帝国主義について、韓国軍事独裁政権についてであり、決して日本と韓国の民衆のことではありません。朝鮮学校の民族教育では、むしろ日朝友好と南北の自主的平和統一が志向されています。

この民衆志向の歴史教育を指して、それでも「韓国や日本の国益を害する」と言うのでしょうか？その場合の「国益」とは残念ながら、日本と南北朝鮮半島の多くの民衆の利益に反するものだ、ということにならないでしょうか？

ちなみに「北との関係はどうなのか？」という疑問もあるでしょう。日本にある朝鮮学校は朝鮮民主主義人民共和国の国営の学校ではなく、在日朝鮮人が運営する民族教育施設ですが、実際には教職員など関係者の多くが朝鮮を支持する朝鮮総連の構成員です。また統一志向の教育を行いつつも、支持する国が朝鮮であることは事実です。

しかし生徒・卒業生の考えは多様なのです。このことを支持する人が多いのも事実ですが、一方では批判的に見る人も少なくありません。

そして朝鮮に対しての考え・立場がたとえ違っても、多くの在日朝鮮人が、子どもを通わせ、運営を支援するなどして、朝鮮学校を団結して守ってきました。大きな理由の一つは、朝鮮学校は日本政府の教育保障から排除され、在日朝鮮人の相互扶助によって運営されるほかなかったからです。そのため朝鮮学校は在日朝鮮人のコミュニティ・居場所としての重要性も持つことになり、朝鮮や朝鮮総連に批判的な人でさえ、立場を超えて支えてきたというのが実情です。

まとめると、朝鮮学校が「韓国や日本の国益を害しうる」という懸念は当たりません。むしろ朝鮮学校の民族教育は、植民地支配と分断体制によって南北在外を問わず、朝鮮人がこうむった悲惨な近現代史を重視することで、生徒・卒業生に対して、国家による人権侵害を批判的に捉え、自分と社会・歴史がいかにつながっているかを考える契機を提供しているといえます。こういった民族教育は、日本と朝鮮半島の友好や南北統一といった難題にとりくむ人材を育成するうえで大きな貢献をしてきましたし、これからもそうあるでしょう。

Q12　朝鮮民主主義人民共和国と朝鮮学校は、歴史的にどのような関係がありますか？　大韓民国とは何らの関係もないのでしょうか？

A　解放直後に日本各地に作られた朝鮮学校のルーツである「国語講習所」は、次第に学校としての形を整備していきますが、当時、朝鮮半島にはまだ南北政府は成立しておらず、国家的な庇護のない中で在日朝鮮人が自主的に民族教育をおこなってきました。

しかし、顕在化しつつあった米ソ冷戦を背景に朝鮮半島情勢が悪化するなか、在日朝鮮人を治安統制の対象とみたＧＨＱと日本政府は、朝鮮人による自主的な教育を行う朝鮮学校の存在を認めず、むしろ徹底して弾圧します。そうした中で、一九四八年八月一五日に大韓民国政府が樹立し、九月九日には朝鮮民主主義人民共和国政府が樹立します。朝鮮学校の運営母体であった在日朝鮮人団体である在日本朝鮮人連盟（朝連）は朝鮮政府を支持しますが、それをよしとしないＧＨＱ・日本政府は、一九四九年九月八日に朝連を強制解散させ、翌月には一九四八年の閉鎖令に続き再び朝鮮学校閉鎖を指示しました。

祖国の分断と日本の弾圧により、厳しい状況におかれ続けた朝鮮学校でしたが、朝鮮政府を支持する在日本朝鮮人総聯合会（総連）が一九五五年に結成され、その傘下で朝鮮学校は急速に整備され、現在の体系的な民族教育が形作られていきました。そうした中で、とりわけ在日朝鮮人の民族教育に関心をもち、支援を行ってきたのが朝鮮政府でした。

朝鮮政府は、朝鮮戦争停戦からまだ四年の歳月しか経っていない一九五七年、本国の経済状況が困難な中で約二億円の教育援助費を送りました。差別と弾圧、そして困窮による苦境にあった在日朝鮮人にとって、この教育援助費は非常に重い意味をもち、改めて祖国との紐帯を感じさせるものでした。この時の心情は、「조국의《チョグゲ》 사랑은《サランウン》 따사로워라《タサロウォラ》（祖国の愛は温かく）」という歌で歌われ、今でも歌い継がれていますが、当時を知る在日一世の人たちは、この歌は涙なくして歌えないといいます。

その後、途切れることなく毎年教育援助費が送られ続けていますが、日本政府からは今なお何ら補助がなく苦しい経営を強いられている朝鮮学校にとって、教育援助費は大きな力となっています。在日朝鮮人の大半は朝鮮半島南部にルーツを持っていますが、朝鮮政府樹立の歴史的背景にくわえ、こうした在日朝鮮人への積極的なスタンスが、多くの在日朝鮮人が朝鮮政府を「ウリナラ」（わたしたちの国）として支持する背景にあります。

朝鮮学校と朝鮮の関係は、日本においては否定的なものとして捉えられ、ときには差別政策の根拠とされています。しかし、日本において、民族教育を法的に保障する制度が整備されておらず、体系的な民族教育を維持するうえにおいて、朝鮮政府と総連は大きな役割を果たしてきました。

現在では、修学旅行で生徒たちは朝鮮を訪問します。夏休み期間には、朝鮮舞踊などの民族文化習得のための通信制受講生（祖国留学生）が朝鮮で学ぶプログラムもあります。

また、朝鮮学校は祖国の統一を願うプログラムもたくさん行ってきました。なかでも印象的なものは、歴史的な二〇〇〇年の「6・15南北共同宣言」後、高揚する統一への空気感の中で、二〇〇二年に朝鮮学校の生徒が韓国のソウルと全州で文化公演を行ったことです。朝鮮学校生徒が日本の地で差別と弾圧に負けず民族の言葉、文化を守り、堂々と生きている姿は韓国市民の胸を打ち、大きな感動と反響を呼びました。それまで、在日朝鮮人の存在、朝鮮学校の存在を理解している人は韓国では決して多くはありませんでした。

二〇一五年現在、南北関係は決して良好ではありませんが、朝鮮学校をめぐっての草の根の民族的交流はいまも着実に積み重ねられています。朝鮮学校の日常を取材した映画『ウリハッキョ』や『60万回のトライ』は韓国でも大きな反響を呼び、俳優の権海孝さんを代表とするＮＰＯ法人モンダンヨンピルは、チャリティーコンサートなど様々な活動を通して朝鮮学校を支援しています。

Q13　東京都にある朝鮮学校の土地をめぐって裁判になったという話を聞いたことがあるのですが、その学校は現在もあるのでしょうか？

東京朝鮮第2初級学校、またの名を「枝川朝鮮学校」の昔の姿

A　東京都江東区の枝川にある東京朝鮮第二初級学校で、この学校は現在もあります。それどころか、今はきれいな新校舎で子どもたちが学んでいます。確かにこの学校は、二〇〇三年の年末、石原慎太郎知事の東京都から、「それまで無償で借りていた土地を有償にするので賃料を支払え、嫌なら土地を返せ」(枝川朝鮮学校裁判)と裁判を起こされました。これはその土地の歴史的経緯を全く無視したものでした。枝川という地域は在日朝鮮人の集住地区なのですが、それは朝鮮が日本の植民地だった一九三〇年代後半に、そこに東京都の前身の東京市が朝鮮人を強制移住させたことによるものでした。

ではなぜ、またどこから強制移住させたのでしょうか。みなさんは幻となった一九四〇年東京開催のオリンピックのことをご存知ないかもしれません。しかし、アジアの選手として初めてマラソンで金メダルを獲得した、孫基禎選手のことはご存知でしょう。この孫選手が優勝したのが一九三六年のベルリン・オリンピックですが、その四年後は東京開催ということが一度は決まったのです。結局、日中戦争の激化等の理由で中止になるのですが、開催を準備する同市は、オリンピック会場予定地にバラック小屋を建てて住んでいる朝鮮人を、埋め立てて間もない「陸の孤島」とも言うべき枝川に強制的に移住させたのです。

そして劣悪な生活環境にあるこの地域に住まわせられた朝鮮人が、解

東京朝鮮第2初級学校の新校舎正門のモニュメント

放後まもない一九四六年一月、当初、朝鮮語講習所として立ち上げたのが同校となるのです。

このような歴史的経緯に鑑み、東京都はながらく地代をとらず、無償で貸すということになったのですが、こういった経緯を無視して、東京都がただちに出て行けと言わんばかりに起こされたのがこの裁判なのです。裁判の結果次第では存続が危ぶまれるような状況に同校は陥るのですが、この動きに対して、都の暴挙を糾弾し、同校を支援し、裁判闘争をともに闘うという支援、連帯の輪が在日朝鮮人はもちろん、良心的な日本の市民、韓国の地球村同胞連帯（KIN・Korean International Network）の精力的な活動等により、韓国国内の市民の間にも大きく拡がりました。枝川の朝鮮学校には多いときには毎週のように多くの日本、韓国の各界各層の人々が訪れ、授業を見学し、校長らが語る同校とこの地域の歴史に耳を傾けました。また日本だけでなく、韓国の各メディアもこの問題を大きく取り上げました。

そういった裁判支援運動の盛り上がりは、東京都をして裁判において大きな譲歩をさせることになります。二〇〇七年三月、廉価での土地買い取りという形で同校と東京都との間で和解が成立し、裁判は終結しました。実質的勝訴であり、朝鮮学校は守り抜かれたのです。

それどころか裁判闘争の過程で、日本の市民らが立ち上げた「枝川朝鮮学校支援都民基金」、ソウルの「希望製作所」で著名人らの協力を得て行われたチャリティー・オークション、この裁判問題を

取りあげたSBSドキュメンタリー番組で行ったカンパ呼びかけ等により、計一億円近いお金が集まり、これは裁判後、既存の校舎老朽化のため積年の課題となっていた新校舎建設においても、大きな助けとなりました。

二〇一一年四月の竣工式の折、除幕された同校正門のすぐ近くにある「마음의《マウメ》 고향《コヒャン》（心の故郷）」というモニュメントには、「新校舎には、心ある南の同胞たちの民族愛と日本の多くの友人たちの真心こもった友情が宿っていることを伝える」と書かれています。「災い転じて福となす」という言葉が、日本にも朝鮮半島にもありますが、枝川朝鮮学校の土地裁判を巡る闘いは、多くの韓国の民衆、また日本の市民と朝鮮学校関係者の間の相互理解を促進し、共感の絆を強くするという素晴らしい成果をも生み出したのです。

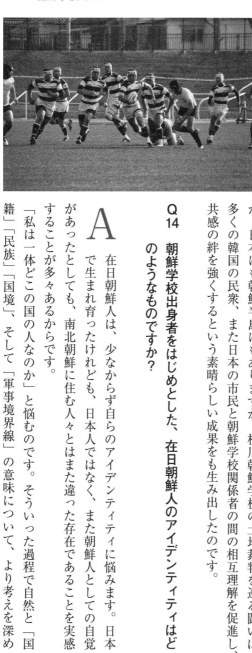

Q14　朝鮮学校出身者をはじめとした、在日朝鮮人のアイデンティティはどのようなものですか？

A　在日朝鮮人は、少なからず自らのアイデンティティに悩みます。日本で生まれ育ったけれども、日本人ではなく、また朝鮮人としての自覚があったとしても、南北朝鮮に住む人々とはまた違った存在であることを実感することが多々あるからです。

「私は一体どこの国の人なのか」と悩むのです。そういった過程で自然と「国籍」「民族」「国境」、そして「軍事境界線」の意味について、より考えを深めていきます。

しかし、境界を乗り越えて生きていくということは、複雑なことではありますが、より自由であるともいえます。生まれ育った日本への愛着もあり、また本やテレビのなかだけで見ていた平壌やソウルに実際に訪問したときは、初めて足を踏み入れたにもかかわらず、なぜか郷愁を感じたりもします。

二〇一四年四月末、東京で世界卓球選手権が開催された際、朝鮮学校の学生と卒業生らが朝鮮チームの応援のために競技場に駆け付けました。南北の直接対決となった試合では、朝鮮のチームが勝利し、試合終了後、朝鮮学校の応援団は統一旗を振って「우리의《ウリエ》 소원《ソウォン》（我らの願い）」を歌いました。韓国のチームの朱世赫（チュ・セヒョク）選手は試合後のインタビューで、「胸が熱くなった。（試合に負けたので）最初は腹が立っていましたが、歌を聞きながら負けたことが気にならなくなりました」（聯合通信）と話しました。

朝鮮代表選手として活躍した鄭大世（チョン・テセ）選手と安英学（アン・ヨンハク）選手。韓国代表選手となった朴康造（パク・カンジョ）選手、そして日本代表選手の李忠成（り・ただなり）選手。

これらの選手は皆、日本で生まれ朝鮮学校を卒業後、JリーグやKリーグに所属しながらプロのサッカー選手として活躍するという、同じバックグランドを持った青年たちです。彼らをみて、「北の人なのか、南の人なのか」、はたまた「日本の人なのか」尋ねる人は多くいます。彼らは南北朝鮮そして日本という境界をのり越えて、サッカーグランドで活躍する東アジアの選手なのです。

彼らは朝鮮学校で自らのアイデンティティを確立していく過程で、どんな人間も民族や国籍で差別される理由がないということを体現する朝鮮人として育った人たちなのです。

Ｑ15　朝鮮学校に通う子どもは、韓国に対してどのようなイメージ、どのような考えを持っているのでしょうか？

©リュ・ウジョン

Ａ　朝鮮学校に通う子どもたちも韓国の現代史を学校で習います。そのため、韓国のイメージというと、済州４・３抗争や単独選挙、軍事独裁政権、光州民衆抗争など、まず解放後の朝鮮民族分断の痛みの歴史を思い浮かべる生徒が多いようです。

朝鮮学校に通う子どもたちの中には韓国に行ったことがある生徒も、行ったことのない生徒もいます。また、韓国に行ったことがなくても、韓国から来ている同胞と日本で知り合う機会をもつ生徒もいます。そのような機会があれば韓国に対して親近感を持つ生徒もいる一方、特に韓国の同胞に対するイメージが沸かない、という生徒もいます。中には、「女性はみんな整形していそうなイメージで、全般的に日本人より大雑把で気がきつそう」という声もありました。

文化的には、昨今の韓流ブームの流れの中で、朝鮮学校の子どもたちもＫ－ＰＯＰを聴いて楽しむ生徒たちが多いです（映画『60万回のトライ』にも「少女時代」の曲を韓国の高校生と大阪朝高生が一緒に聴く場面がありますね）。

二〇〇〇年の６・15共同宣言後は、朝鮮高校の学生がソウルなどで文化公演を行うという画期的なイベントも実現されましたが、今はそのようなことがほぼ難しい状況の中で、朝鮮学校の子どもたちはみんな朝鮮半島が早く統一されることを願っているでしょう。

Q16　朝鮮学校の特徴として、どのようなものがありますか？

©月刊『イオ』

A　朝鮮学校は有名校や難関大学を目指す、いわゆるエリートを養成する学校ではなく、日本に暮らす朝鮮人の子どもたちなら誰もが通い、民族教育を受けることができることを目的とした学校です。朝鮮高校や朝鮮大学校への進学時に学力を判定するための入学試験はありますが、不合格になって進学できないということはほとんどありません（もちろん追試験はあります）。そのため、日本の学校にあるような苛烈な受験競争や、成績競争はありません。もちろん、日本の大学を進路に定め、合格に向け、放課後、予備校や進学塾に通う生徒も多数おり、東京大学をはじめとした有名大学に入学する生徒もいます。また最近では朝鮮大学校を卒業した弁護士も続々と出てきており、その学力レベルは決して低いものではありません。

ただ朝鮮学校は「みんなは一人のために、一人はみんなのために」というスローガンのもと、クラス全員が一定のレベルに達するようさまざまな配慮がなされています。例えば、試験前後はもちろん日常的に補習授業を行ったり、定期試験の平均点をクラス対抗で競争したりします。初等教育の段階から勉強のできる生徒が苦手な生徒を教えることも日常的に取り組んでいます。

また朝鮮学校では初・中・高を通して課外活動（クラブ活動）がたいへん活発です。全国の朝鮮学校間の各種スポーツ大会や芸術発表会などが年間を通してありますし、日本学校との間の公式試合もあるので、練習はとても厳しいです。そのため、日々の練習はもちろん、夏・冬・春休みもほぼ毎日練習があり、とても忙しいので時間を持て余すということは無いようです。とりわけサッカーやラグビーなどで地方予選を突破し、全国大会に出場する、またはそれを狙えるような強豪校として有名なところは、強化合宿なども多く、学業と部活の両立は大変です。

このように、朝鮮学校の雰囲気は、成績（受験）偏重の傾向が強いとされる韓国の学校とは少し違うものなのかもしれません。

Q17　朝鮮学校を卒業した生徒たちの進路は、どのようなものですか？

A　朝鮮高校を卒業した後は、大学や専門学校などに進学する生徒が過半数を占めます。その他、高校卒業後に就職する生徒たちは飲食店など親の家業を継いだり、民族金融機関に勤めたりしています。高校卒業後に進学する生徒のうち、東京にある朝鮮大学校に進学する生徒は約三〇％です。その他は日本の大学や専門学校に進学する生徒が多く、東京大学をはじめとする日本でも有数の国立大学などに、現役進学する生徒もいます。また、最近はごく少数ながら韓国に留学する生徒たちもいるようです。

大学卒業後の就職先は多岐にわたります。朝鮮学校の先生、地域の同胞社会を支える活動家、民族金融機関の職員、弁護士など日本の国家資格を持つ専門職、研究者、プロスポーツ選手（サッカー、

東日本大震災直後の東北朝鮮初中級学校の生徒たち。2011年5月 ©キム・ジヨン『日本の朝鮮学校』写真集の中から

ラグビー、ボクシングなど）、歌手、俳優、ジャーナリスト、日本や外資系企業のビジネスパーソン、ＮＰＯ運営、フライト・アテンダント、Ｗｅｂデザイナーなどなどです。現在、日本各地で「高校無償化」裁判を中心的に担っている在日朝鮮人弁護士の多くは、朝鮮高校や朝鮮大学校の卒業生です。スポーツ界でいえば、Ｊリーガーの安英学（アン・ヨンハク）選手や鄭大世（チョン・テセ）選手、ボクシング元世界王者の洪昌守（ホン・チャンス）選手などは有名ですね。ラグビー界でも徐吉嶺（ソ・キルリョン）選手をはじめとしたトップリーガーたちが活躍しています。

朝鮮学校を卒業して活躍している多くの人たちが、朝鮮学校に通ったおかげで「自分が誰なのか」という在日朝鮮人してのアイデンティティを確立できたこと、仲間と共に学び助け合い、先生、保護者、地域の同胞など同胞社会に支えられて学べたことが、逆境の中でも強く生きていく糧となった、と語っています。

Q18　異国の地で民族教育を発展させてきた朝鮮学校のような事例は、歴史的に、また世界的にも他にあるのでしょうか？

A　日本の植民地支配によって渡日した在日朝鮮人が作った朝鮮学校は、戦後唯一、日本政府から閉鎖された苦い経験を持っています。

一九四八、四九年の日本政府の大規模弾圧、六〇年代の外国人学校法案、現在の高校無償化からの排除……と民族教育の否定は現在も続いています。植民地宗主国が負の過去を清算しない中で、ほぼ自力で教育の場を守りつづけた実践は、世界に例がないと言えるでしょう。

国が少数者の民族教育の権利を弾圧した例として、旧ソ連におけるコリョサラム（高麗人）への迫害があります。一九三七年、旧ソ連は、「朝鮮人は日本人に容姿が似ている。日本人のスパイになる」との容疑をかけ、ロシア沿海州に暮らす一八万人もの高麗人を中央アジアに強制移住させました。この強制移住で沿海州に三八〇校あった民族学校が閉鎖され、コリョサラムは民族のアイデンティティといえる言葉を失いました。しかし、その約六〇年後の一九九六年、ロシア政府は「高麗人名誉回復法案」を採択し、強制移住の不法性を認め、コリョサラムの民族教育を支援することを決め、現在、いくつかの公立学校で朝鮮語が正式な科目として教えられています。民族教育の復活は喜ばしいことですが、六〇年にわたる民族教育の断絶は、朝鮮語を話すことができない、つまり自分が何者かを理解できない多くのコリョサラムを生み出しました。

世界各地に外国人学校が増えたのは第二次世界大戦後です。外国人学校という呼び名からは、おもに外国人が通うイメージが連想されますが、世界には、各国や国際機関が海外に作った学校から、移民、宗教団体が作ったものまで様々な学校が存在します。また、カナダのように公教育に組み込まれたケース、中国、韓国のように、公教育から排除されているケース、ドイツ、フランスなどのように組み入れと排除が併存しているケースなど、国の外国人政策によってその位置付けは異なります（福田誠治、末藤美津子『世界の外国人学校』東信堂、二〇〇五年）。

日本には現在、約二〇〇の外国人学校がありますが、独自のカリキュラムで教える外国人学校は日本の公教育のシステムから排除されています。つまり、外国人学校は正式な学校として認められないため、卒業資格として認められず、自治体からの補助も限られます。よって、学校の敷地確保、学校運営のための寄付金集め、教員養成、教材確保など、どの外国人学校も苦労しています。外国人が増え続けるなか、彼らの新しい教育ニーズを背景に外国人学校設立のニーズは高まっているものの、そのニーズを汲んだ法律が日本では整備されていないため、外国人学校の運営が大変なのです。

さらに朝鮮学校は、「無償化排除」のように、日本政府から特別に敵対視されるという二重の差別を強いられています。朝鮮学校が劣悪な環境のなかでも、学校を運営し続けることができたのは、ルーツにつながる言葉を授けたいという保護者たちの熱い思い、その思いに応え、教壇に立つ教員、学校運営を助ける在日朝鮮人たちの並々ならぬ努力があったからでした。

途切れることなく続けられてきた朝鮮学校の歴史は、今世界で注目されるマイノリティの教育権、植民地主義の克服という普遍的な課題への力強い答えだと言えるでしょう。

朝鮮学校の歴史と現在

こども教育宝仙大学教授（教育学専攻）　佐野通夫

Ⅰ　日本植民地下の教育

日本の植民地教育政策について、簡単に振り返ってみよう。乙巳保護条約（一九〇五年）の後、併合直前の日本による教育改編期には民衆の間に「子供を普通学校に入れると男の子は卒業後内地に連れて行って兵隊にして鉄砲の玉除けにするのだ。女子は内地に連れて行ってカルボ（売春婦）に売るのだ」という言葉が囁かれ、入学勧誘も困難であった（杉崎綱五郎「感慨無量」『朝鮮』第八五号、一九二二年三月、二七二ページ）。この言葉には植民地教育を透徹した民衆の知恵を感じる。

しかし、一九一〇年八月、「韓国併合に関する条約」が強要され、翌一九一一年八月二三日には、勅令（天皇の命令）として「朝鮮教育令」が出される。その内容は、

第一条　朝鮮ニ於ケル朝鮮人ノ教育ハ本令ニ依ル
第二条　教育ハ教育ニ関スル勅語ノ旨趣ニ基キ、忠良ナル臣民ヲ育成スルコトヲ本義トス
第三条　教育ハ時勢及民度ニ適合セシムルコトヲ期スヘシ

というものであった。日本人の小学校六年制に対し、朝鮮人の普通学校は四年、それまでの高等学

校を改めた高等普通学校を四年制とし、専門学校を含めても、一一～一二年の教育しか与えず、日本統治下の社会において、短い教育年限によって日本人より低い資格とし、日本人の下で日本語を話す、補助としての植民地人を養成しようというものであった。

その後、3・1独立運動（一九一九年）を経験しての「文化政治」の中で、普通学校が六年制へ延長される（ただし、六年制となった普通学校は三分の一程度）という改編を経ながらも、日本語の強要は続き、義務教育制度も施行されないまま、解放を迎える。

朝鮮本国における教育がこのようなものであったなら、在日朝鮮人はどのような教育状況に置かれたかが想像できる。

植民地支配による下層農民の離農、そしてかたや日本における低賃金労働力需要によって、在日朝鮮人数は増加し続けた。一九三〇年、日本の文部省は日本にいる朝鮮人の子どもたちには就学義務があるとしたが、実際の就学率は四〇％程度だった。それも女子の就学は男子の三分の一程度だった。そして、就学したといってもそれは日本人としての教育であった。その中で、朝鮮人の子どもたちは日本人からの差別を受け、朝鮮人は奴隷の民だと教え込まれた。非就学による非識字が生まれ、就学した者でも習うのは日本の文字だけであった。就学・非就学にかかわらず、周囲の圧倒的な日本語の力により、日本にいる朝鮮の子どもたちは朝鮮語から切り離されていく。

Ⅱ　解放後の教育

1　一九四八、四九年の朝鮮学校閉鎖

一九四五年八月一五日、解放を迎え、朝鮮人は自主的な朝鮮語の学習を開始した。子どもたちに朝鮮語の読み書きを教えることを目的に「国語講習所」と呼ばれる小さな寺子屋のような教育施設が各地に誕生した。この自主的な教育施設は、翌一九四六年九月には学校教育として整備され、五二五校に約四万四〇〇〇人が学んだといわれている。

映画『ウリハッキョ』の中で詩人・許南麒の「これが俺たちの学校だ」に歌われているように、「校舎は　たとえ　見すぼらしく、／教室は　たつた　一つしかなく、／机は／君達　身をよせると／キーッと　不気味な音を立て／いまにも　つぶれてしまいそうになり、／窓という窓には／窓ガラス一枚　ろくに入れられてなくて」という状況で、「知恵のあるものは知恵を、カネのあるものはカネを、力あるものは力を」という合言葉のもと、在日朝鮮人が自分たちの力で作った学校であった。

注意すべきは、この当時、朝鮮半島の南の国号も北の国号も朝鮮であった。その朝鮮人の圧倒的多数が結集した「在日本朝鮮人連盟（朝連）」が学校組織の先頭に立った。朝連に対立し、後に大韓民国民団となる組織も当時は在日本朝鮮居留民団と称していた。

このような在日朝鮮人の自主的な教育活動に対して、二年も経たずに管理統制が始まる。文部省は、一九四七年四月、「朝鮮人児童の就学義務の件」という通達を出し、朝鮮人にも日本学校への就学義務があるとした。その理由は、朝鮮人が日本国籍であるからというものである。日本国政府は一九五二年の講和条約発効まで、朝鮮人は日本国籍を有するとしていた。しかし、一九四七年五月二日に公布施行された「外国人登録令」においては、朝鮮人に「外国人」としての登録を命じた。

この頃から朝鮮学校に対する敵対が始まる。一九四七年秋、大阪のアメリカ軍政庁の教育担当将校

が、朝鮮学校について「設備のたらなさ、教員の資質のわるさ、教員の政治活動、教育の内容の低さなどにかこつけて、朝鮮学校を批難する声明」を出している。東京では、アメリカ占領軍ＧＨＱ民間情報局教育部の大尉が朝鮮学校をまわって、「教育用語が朝鮮語だとか、朝鮮の国旗を掲げてはいけないとか、金日成の写真がよくないと難くせをつけ、学校の柱がほそすぎる、天井に空気ぬき穴があいていない、教員の頭の毛がボサボサだ、ズボンにすじが入っていないなどの難くせ」をつけた。このときの理屈は覚えておいてほしい。この後、二〇一〇年代に各地の知事たちが朝鮮学校に対する補助金を停止する。そのときの「理屈」が、この一九四〇年代後半に使われた「理屈」と全く同じである。

一九四八年一月二四日、文部省の学校教育局長から「朝鮮人設立学校の取り扱いについて」という通達が出された。その内容は「朝鮮人の子弟であっても学齢に該当する者は、日本人同様市町村立又は私立の小学校、又は中学校に就学させなければならない」というものである。そして、三月以降、朝鮮学校に対する閉鎖命令が出される。子どもたちに日本学校への就学を促すなら（そんなことは先に記したように、これまで決してなされてこなかった）、保護者に「就学通知」を出せば良い話である。現在、さまざまな教室や塾が何らの許可なく行なわれているように、その当時の朝鮮学校は何ら学校としての地位を付与されるものでも何でもない、ただの塾と同じ存在であった（このこと自体は問題であるが）。何の地位も持たないで運営されているものをつぶすために、日本国政府は理論的にはかなりの無理を重ねている。

もちろん、朝鮮人も黙って学校がつぶされるのを見ていたわけではない。各地で激しい闘争が繰り広げられる。特に同年四月二四日には、兵庫県において知事への抗議活動が行なわれ、知事はいったん閉鎖命令の撤回を約束する。これに対し、ＧＨＱは「非常事態宣言」を発し、朝鮮人の一斉検挙を行なうとともに、知事の閉鎖命令撤回の無効を宣言した。これに反対する四月二六日の大阪における抗議集会では、一六歳の朝鮮人少年金太一が射殺されるという大弾圧が加えられる。これらの教育権擁護の闘いを「阪神教育闘争」と呼んでいる。

この闘争は、五月三日、在日朝鮮人教育対策委員会代表と文部省当局との間における覚書で「朝鮮人自身で私立の小学校、中学校を設置し義務教育としての最小限度の要件を満し、その上は法令に許された範囲内において、選択教科、自由研究及び課外の時間に朝鮮語で、朝鮮語、朝鮮の歴史、文学、文化等朝鮮人独自の教育を行うことができる」として、いったん解決を見た。

一九四八年八月一五日には大韓民国が、九月九日には朝鮮民主主義人民共和国が成立、さらに、米ソの対立が激化する中で、アメリカ占領軍は朝鮮人運動に対する弾圧を強めた。朝鮮人の活動を弾圧しようとするアメリカおよび日本は、一九四九年四月四日、「団体等規正令」を公布施行し、九月八日、その適用第一号として朝連など四団体に解散命令が出される。

一〇月一二日には以下を閣議決定する。

一、朝鮮人子弟の義務教育は、これを公立学校において行うことを原則とすること。

二、義務教育以外の教育を行う朝鮮人学校については、厳重に日本の教育法令その他の法令に従わせ、無認可学校はこれを認めないこと。

三、朝鮮人の設置する学校の経営等は、自らの負担によって行わるべきであり、国又は地方公共団体の援助は、一の原則から当然その必要がないこと。

この閣議決定に基づき、一〇月一三日、文部省管理局長は法務府特別審査局長と連名で「朝鮮人学校に対する措置について」という通達を出し、朝鮮人学校の閉鎖を指令する。しかし、「朝鮮人子弟の義務教育はこれを公立学校において行う」とした決定にもかかわらず、現実には各自治体は在日朝鮮人の子どもたちの入学を拒否し、閉鎖した朝鮮人学校を「公立朝鮮人学校」と看板を書き換え、そこに収容し、わずかばかりの経費で、しかし教育内容としては日本語の教材を教え込もうとした。この弾圧後の一九五二年四月、「自主学校」は四四校（小学校三八校、中学校四校、高等学校二校）となり、「公立朝鮮人学校」という形態は東京都のみに所在して全部で一四校（小学校一二校、中学校一校、高等学校一校）、「公立分校」という形態は一八校となった。それでもなんとか「公立朝鮮人学校」、「公立分校」という形態で存続できた場合には、朝鮮人教員はほとんど無給の講師という冷遇のもとでも、子どもたちに民族教科を教えるために努力をし続けたのである。

日本国政府はサンフランシスコ講和条約発効の日（一九五二年四月二八日）をもって、一方的に在日朝鮮人は「日本国籍を喪失」する、すなわち「外国人」になるとの立場をとり、そのことによって在日朝鮮人の教育について公費を支出する義務はなくなったと主張した。すなわち在日朝鮮人の就学は権利ではなく、恩恵であるという事にされてしまったのである。朝鮮人が自主的に行なっていた学校を破壊し、「公立」という名をかぶせて支配した後で、再び責任を放棄したのである。接収されて「公立朝鮮人学校」とされていた学校は、行政から切り捨てられ、以後、朝鮮人学校は自主学校として、法的地位としては「各種学校」として存続した。

朝鮮人の子どもたちの就学が恩恵とされた事に、一番大きな影響を受けたのは、自主的な朝鮮人学校を閉鎖・接収し、看板のみ取り替えて「公立朝鮮人学校」とされた東京都立朝鮮人学校であった。朝鮮人教育に対する日本国政府の財政負担を求める朝鮮人側の要求にもかかわらず、一九五四年一〇月五日東京都教育委員会は、都立朝鮮人学校の一九五五年三月限りの廃校を通告した。

2　日韓条約下での外国人学校法案

日朝・日韓の国交回復問題において、日本は一方的に韓国とのみ国交回復交渉を行ない、またその会談の過程でも多くの民族差別発言がなされ、韓国側の反発をかった。一方、韓国側は日本にある朝鮮学校の閉鎖を求めるような発言を行なった。一九六五年六月、日韓基本条約が締結された。教育に関しては、日韓基本条約に伴って締結された「日韓法的地位協定」の中で、「妥当な考慮を払う」と言及されているにもかかわらず、「妥当な考慮」の内容をこの地位協定に伴って出された一九六五年一二月二八日の二つの文部事務次官通達に見てみると、次の二点になる。すなわち「教育課程」については「日本人子弟と同様に取り扱う」ものとし、また「朝鮮人としての民族性または国民性を涵養することを目的とする朝鮮人学校は、わが国の社会にとって、各種学校の地位を与える積極的意義を有するものとは認められないので、これを各種学校として認可すべきでないこと」として、朝鮮人学校の各種学校としての認可すら否定することである。

この後者の通達の中で文部省が予告した「外国人学校の統一的扱い」は、一九六六年四月、自民党文教調査会外国人学校小委員会「最終要綱」として公にされた。基本的な内容は、学校認可権を知事から文部大臣に移すこと、そして外国人学校に対し「経費は設置者が負担する」と経済的援助をしない事を明言した上で、教育内容については、文部大臣の閉鎖命令をも伴う検査権限を認めるものであった。「要綱」が伝えられると、多くの反対が表明され、以後、法案は「外国人学校法案」という形であったり、「学校教育法一部改正案」という形をとったりしながら、第一次から第七次まで提出されたが、ことごとく廃案もしくは未上程という結果になった。しかし、一九七五年、学校教育法の改正により、各種学校の中から専修学校が切り離され、しかも専修学校の規定（旧第八二条の二）に「我が国に居住する外国人を専ら対象とするものを除く」と明記された事によって、各種学校は、必然的に修業年限が一年以下であるか、教育を受ける者が四〇名以下であるかといった小規模もしくは短期の教育機関と外国人学校のみを意味する事となった。しかし、この朝鮮学校の各種学校としての認可すら否定する政府の方針にもかかわらず、朝鮮学校の所在する各地方自治体においては、朝鮮人学校を各種学校として認可していき、逆に外国人学校法案が出されていた時期が認可の集中した時期でもあった。すべての朝鮮学校が各種学校の認可を得たのは、一九七五年の山陰朝鮮初中級学校（松江市）の認可によってである。各種学校としての認可という日本社会における社会的な認知も得ていくのである。

しかし、このとき外国人学校法案で政府が狙った朝鮮学校管理は、二〇一四年、私立学校法改正という形で達成された。この改正は所轄庁に、①学校法人に立ち入り検査する権限を認め、②改善その他を命ずることができるようにし、③役員の解任を行なうこともできるというもので、本来は、政府からの財政援助がある学校について、その財政支出の適正をはかるためのものである。各種学校については、政府からはいっさいの財政援助がないにもかかわらず、「私立学校」という形で、財政援助のある小中高校などと同様の政府の管理下に置かれたのである。本来、私立学校と政府の関係は、サポート・バット・ノー・コントロールであるべきものが、外国人学校についてはノー・サポート・バット・コントロールという状況になったのである。

各種学校扱いによる不利益として、①同年齢の子どもたちが購入する通学定期券が購入できない、②スポーツ大会からも排除される、などがあった。これらも粘り強い運動により、一九九四年、通学定期の対象となり、また、一九九一年三月、全国高等学校野球連盟、一九九四年三月、全国高等学校体育連盟、一九九七年度、全国中学校体育連盟が大会参加を認め、朝鮮学校は日本社会の中での認知を得ていく。

しかし、日本政府の扱いは、あくまで敵対的なものである。一九九六年八月、文部省学術国際局は、私立学校が校舎建築等で寄付金を得たとき、その寄付者に税金控除を認める「指定寄付金」について次のように述べ、あくまで朝鮮学校を差別する意識を変えていない。

各種学校の指定寄付金については、「いわゆる学校教育法一条校の行う教育に相当する内容の教育を行うこと及びその教育を行うことについて相当の理由があると所轄庁（都道府県知事）が認めること等」が要件となっており、これまでインターナショナル・スクール及び東京韓国学園のみに適用されている。

朝鮮学校については、前述の文部事務次官通達で、「朝鮮人として民族性または国民性を涵養することを目的とする朝鮮人学校は、わが国の社会にとって、各種学校の地位を与える積極的意義を有するものとは認められないので、これを各種学校として認可すべきでない」、と各都道府県知事に対して指導してきた（現在、すべての朝鮮人学校が都道府県知事から各種学校として認可されているが、文部省として朝鮮学校を各種学校として積極的に認めているわけではない）。このため、文部省は、朝鮮人学校に係わる指定寄付金の取扱については、大蔵省告示にいう「その教育を行うことについて相当の理由があるものと所轄庁が認めること」は適当でないとしたのである。

二〇〇三年三月、文科省は欧米系のインターナショナル・スクールのみに大学受験資格を与えるという政策を打ち出した。欧米系の学校のみにということに対する多くの反対の中で、同年九月、当初文科省が予定した欧米系学校のほか、その外国人学校の「本国」で大学受験資格を認められている学校まで広げられ、多くのブラジル学校のほか、韓国学園、そして国交のない台湾系の中華学校まで大学受験資格が認められることとなった。しかし、同じく国交のない朝鮮学校は「本国」による認定ができないという「理屈」で、学校としては受験資格が認定されず、各受験生に対する各大学による個別審査によって大学受験資格が認められることとなった（このため、二〇〇六年、玉川大学は朝鮮学校卒業生の受験を拒否した）。

3　「高校無償化」と朝鮮学校排除

日本は、一九七九年に「経済的、社会的及び文化的権利に関する国際規約（社会権規約）」を批准するときから、第一三条二（b）（c）〔中等教育、高等教育の漸進的な無償化〕を「留保」してきた。二〇〇九年、政権についた民主党はこれに対し「高校無償化」を打ち出した。日本では私立高校がかなりの部分を占めるので、公立高等学校は授業料の不徴収、私立の同等機関の生徒には「就学支援金」を支給することによって、これらの学校に通う子どもたちの経済的負担を軽減しようとするものであり、対象となる学校は高校、高専、特別支援学校のほか、専修学校、各種学校である外国人学校まで含むものであった。なお、この政策に伴い、日本政府は二〇一二年九月一一日、上記の留保の撤回を国連に通報した。

二〇一〇年二月、上記法案からは当然に無償化の対象となる朝鮮学校を外せという声が民主党内閣の中から挙がる。同年三月、国連・人種差別撤廃委員会はただちに総括所見で「高校教育無償化の法改正の提案がなされているところ、そこから朝鮮学校を排除するべきことを提案している何人かの政治家の態度」に懸念を表する。しかし、四月三〇日、「高校無償化」の対象となる外国人学校が告示されても、朝鮮高校のみは除外され、専門家会議による検討を経ることになる。

一一月五日、朝鮮高校が指定されるべき規程が明らかにされ、各学校は一一月三〇日までに申請書を出すこととなり、朝鮮高校一〇校はこの日までに申請を終えた。しかし、一一月二三日、延坪島への朝鮮による砲撃があり、砲撃と子どもたちとは何の関係もないにもかかわらず、菅直人首相は審査手続きを中断するとの指示を出す。二〇一一年八月二九日、ようやく審査再開が指示されるが、民主党はやがて政権を失う。自民党政権の第一の施策は、二〇一二年一二月二八日の下村文科相による朝鮮高校除外の方針の発表であり、翌二〇一三年二月二〇日、朝鮮高校の不指定を通知すると共に、朝鮮高校を「高校無償化」の対象から除外する省令改正を公布・施行した。

この差別の風潮に便乗して、長い間の運動によって築き上げられてきた地方自治体による朝鮮学校への補助金を停止する知事たちが現れた。大阪や、神奈川、東京等の自治体では、これまでその「法的拘束力」が問題とされ続けてきた「学習指導要領」と朝鮮学校の教育内容の対比が無理やりに行なわれている。そして先に記した一九四七年のアメリカ軍将校による嫌がらせとまったく同じ事がなされている。例えば、二〇一〇年三月一二日、橋下大阪府知事は補助金の交付要件として以下の四要件を提示した。①学校法人として朝鮮総連と一線を画すること、②肖像画を教室から除くこと、③日本の学習指導要領に準じた教育活動を行うこと、④学園の財務状況を一般公開すること。

日本の「学習指導要領」に従って教育を行なうのならば、わざわざ困難を背負って外国人学校・民族学校を運営する必要などない。日本人の教育と異なるから民族学校が必要なのである。東京都は法的な根拠もなく、二年以上にわたって補助金を止めた上で、朝鮮学校の調査を行ない、その教育内容への干渉を「報告書」として公表している。そして、先に触れたように、二〇一四年、私立学校法が改正され、このような調査が「法的根拠」を持つようになったのである。

朝鮮高校への「高校無償化」適用を求めて四年にわたる運動が繰り広げられてきたが、二〇一三年一月から、大阪、愛知、広島、福岡、東京で、高校生または学園を原告とする「無償化」裁判が闘われている。

第Ⅱ部
それぞれの朝鮮学校物語《ストーリー》

1　わたしと朝鮮学校

李明玉（リ・ミョンオク）一九六八年生
大阪に居住。ハングル講師、通訳・翻訳業

◆記憶の始まり◆

教室。

大きなお腹の母が、チマチョゴリ姿で黒板の前に立っている。二歳年上の姉と私は、隅の席について、足をぶらぶらさせながら、きょろきょろと周りを見回していた。

母の授業を受けている小学生のお姉さんやお兄さんたちが、私たちに、小さく手を振ったり、にっこり笑いかけたりする。

そして、さっと母の顔色をうかがう。

私の記憶の始まるあたりに、登場する朝鮮学校の思い出だ。

在日二世の母は、京都朝鮮中高級学校を卒業したあと、二年間の教員養成課程を経て、二〇歳から朝鮮学校の教員となった。

二〇〇九年に〈在特会〉の襲撃を受けた、京都朝鮮第一初級学校で、教員生活が始まった。

今の朝鮮学校の先生たちと同じように、朝から晩まで、そして休日もほとんどないような忙しい生活だったそうだ。

私の最初の朝鮮学校の思い出は、産休中の母が、数日間、臨時で授業をしに行った時のことらしい。急に休むことになった、他の教師の代理としてやむを得ず、子連れ出勤をしたという。

弟が母のお腹の中にいたので、三歳になる前のことだ。

◆祖母の文字◆

封建時代のいわゆる貴族階級のことを、朝鮮半島では「両班《ヤンバン》」という。

「うちの家系は両班だ」と話す在日朝鮮人は少なくないように思う。そう言われると、「うちも両班だ」と答える、そんなやりとりを幼いころは、特によく見たものだ。本当かどうかは、わからない。

思春期の頃は、そういうやりとりを見るのが嫌だった。植民地を経験した大人たちが、「朝鮮人なんだけど、ちょっとはマシな朝鮮人」と言って、自尊心をなんとか保とうとしているような、そんな気がしたのだ。

一九七〇年代から八〇年代にかけて、朝鮮学校で育った私たちにとっては、ご先祖さまが両班や貧農であることと、自分が朝鮮人であるという自覚とはまったく関係ないものだった。「うちは、両班なんだけど」というと、「在日は、みんな両班っていうんだよね」と笑いとばすような感じだった。

それで言いにくいのだが、母方の祖母は両班の娘だった。植民地の没落両班一家は、一族の来歴や系図を記した「族譜《チョッポ》」

を売ったお金を元にして、日本へ渡ってきた。「族譜」を買ったのは、働いてお金を貯めていた、下男だったそうだ。

おとぎ話のような話だ。祖母は、渡日するとすぐに飛行場の建設現場で働いたそうだ。一二歳だった。同じように没落した両班の家の息子と結婚し、三人の子を授かった。「両班」であることに意味はなく、祖母は休みなく重労働についた。嫁ぎ先の女性は、誰もお金を稼ぐことをせず、祖母だけがなぜか外で働き、姑の意地悪で子を抱かせてもらえない事もあったそうだ。

解放後、故郷に帰る支度をしていたが、祖父が病気になったために帰国を延期した。祖父は亡くなり、祖母は一人で子どもを育てるために、男性も避けたがるような重労働ばかりを選んで働いたそうだ。いわゆる朝鮮部落で暮らしていた。母の年代で高等学校に通ったのは、神童と呼ばれていた男の子と母と二人だけだったそうだ。苦しい生活の中でも、子どもたちの教育にかける祖母の熱意は並々ならぬものがあったそうだ。

私は母方の祖母を「ハンメ」と呼んだ。ハンメは、文字の読み書きができなかった。幼い頃、ハンメに会うと、「ご飯、たべたか?」の後に「ちゃんと学校に行ってるか?」「ちゃんと勉強してるか?」と質問が続いた。適当に答えていると、「お前たちみたいに長いこと学校かよったら、ハンメやったら総理大臣なるわ」と言うのだった。

中学生の頃、姉と二人で祖母の家に遊びに行った。ご飯を食べて、テレビを見ていると、ハンメに呼ばれて隣の部屋へ行った。そこには、お中元やお歳暮やその他の贈り物の箱が山のように積まれていた。中身は海苔や缶詰やお茶や化粧品など、色々だった。

中身が何か教えて欲しいと、ハンメは言った。

写真付きや、馴染みの商品でなければ、中身が何か分からないのだった。かなり古いものもあったので、たくさん処分しながら、とにかく開けてみるとか、誰かに聞いてみるとか、そういう選択ができなかったハンメの気持ちを考えていた。瓶や缶や箱の中身を、文字以外でわかるようにする方法があるのだろうか。姉と二人で悩んでいると、マジックでにょろにょろとしたハングルを書いて、こんな風に書いてほしいと言った。

ハンメはまったくの文盲だと思っていたのに、実は最低限のハングルだけを使って、我流でメモを書く事ができたのだった。ためらわずに線を引くことができず、文字のすべての部分が震えている。どこで誰に教わったのだろうか。震える線のハングルをカタカナのように使って、必要最小限のことだけをメモしながら、働き、子どもを育てた。ハンメの自尊心や寂しさや渇望を、震えるハングルは語っているようだった。

朝鮮学校は、ハンメのような人たちの痛みや希望無しには始められなかったし、今日まで続けることもできなかったと思うのだ。

◆朝鮮幼稚園と母◆

自分自身について他の誰かに問われ、それに答えるという、日本に暮らしていると際限なく繰り返される出来事に、朝鮮学校で過ごすと、ほとんど出会わずに子ども時代を過ごすことができる。

私は幼稚園から高校まで、朝鮮学校に通ったので、同じ背景をもった大人たちに導かれ、同じ背景の友人たちと共に、少しずつ、ゆっくりと「民族性」というものが、肯定的なものとして身体に染み込んでゆく時間を過ごしたのだと思っている。

大人になった今、在日一世であったハンメの人生や自尊心や希望や悲しみに気づき、寄り添いたいと思った心は、朝鮮学校で身についたと考えている。

植民地から解放されたけれど、本当に何もなかった時代に「力のある者は力を、お金のある者はお金を、知識のある者は知識を」出しあって始めた朝鮮学校だった。試練は幾度もあったけれど、今も私の子どもたちと共に日本にしっかりと根を下ろしている。朝鮮学校の歴史の中に、私の生きてきた道も子どもたちの今も、すっぽり収まっている。

四歳の時、それまで住んでいた京都から埼玉に引っ越した。ちょうど、埼玉に朝鮮幼稚園を作ろうという動きがあった。専門的な知識や経験のない中での出発だった。京都で教師だった母も深くかかわることになった。

弟は赤ちゃんだった。開園までは子連れ出勤をしていた。朝から晩まで走り回っている母のかわりに、園で飼っていた犬が、弟の子守りをしていた。柴犬に似た雑種の優しい犬で、母は全幅の信頼をよせていた。

開園二年目から、母は園長となった。

園長先生は何もなくても忙しいけれど、園児が怪我をしたり、なにかトラブルがあると帰宅が遅くなった。園児だけではなく、若い先生の失恋や、親子喧嘩にまで呼ばれて、家になかなか帰れないこともあった。父もいつも遅かったので、母の帰宅が遅くなると、学校に上がったばかりの姉がご飯を炊いてくれた。たいてい、ご飯とお米の間ぐらいの炊きあがりだった。空腹だし、申し訳なさそうな姉を傷つけてはいけないと思い、黙って涙が出るまで噛み続けた。柔らかすぎる方がましなのに、と思っても口には出せなかった。

ある時、また母の帰宅が遅かった。私たちが床についた後、両親の話声が聞こえた。ある子どもが幼稚園で習った歌を家で歌ったのだが、金日成主席を「アボジ（父）」と表現する歌詞があった。朝鮮で歌われている歌だった。子どものアボジが「この子のアボジは俺だ！」と、幼稚園に抗議に来たということだった。母のため息が聞こえた。

「おじさんがアボジなのは、みんな知ってるよ」と、腹が立ったのは、その日もご飯が固かったからだ。

◆楽しい幼稚園の思い出◆

日本で暮らしていても日本人ではない、朝鮮半島で暮らす朝鮮の子でもない。

在日朝鮮人の子どもたちには、どんな歌が、踊りが、遊びが、そして給食やおやつがふさわしいのか、先生や親たちは知恵を出し合って研究していた。先生たちは、平壌での研修にも、日本の幼稚園の先生たちの研修にも参加していた。

オモニ（母）たちは、朝鮮やそのほかの国の昔話の人形劇を見せてくれた。人形は手作りだった。写真を見ながら、水俣病の話を聞いたことも覚えている。

食物繊維をたくさんとるようにしようという話を聞いて、「砂を食べてもコンニャクを食べれば大丈夫」という誤解が蔓延した。それが、園庭で砂を食べる競争へと発展した。砂では勝てないと判断した私は、蟻を食べてみせて皆を驚かせた。

運動会でチマチョゴリを着て農楽を踊ったり、お正月にはトックを作って食べたりと民族性にもこだわっていた。トックを作る時、園で飼っていた鶏をつぶすことになった。田舎育ちのあるオモニが鶏をしめるのをこっそり見ていた私たちは、その日から、そのオモニを「にわとり殺したオモニ」と

呼んで、先生に大目玉をくらったりした。

◆大宮駅◆

埼玉朝鮮初中級学校に入学したのは、祖国が解放されてちょうど三〇年という節目の年だった。一九五〇年代に朝鮮大学校ができたので、先生方はほとんどが、その大学を卒業した在日三世だった。

当然のことながら、隣近所は日本人で、「〇〇ちゃん、遊びましょ！」と言って近所で遊んでいた幼なじみは日本人だった。

近所で共働きの家庭はうちだけだったので、隣のおばちゃんや向いのおじちゃんにも、なにかとお世話になった。「日本人みんなが朝鮮人のことを嫌っている」と思ったことは、当然ない。

しかし、制服を着て電車とバスを乗り継ぎ朝鮮学校に通うようになると、いやな思いをすることがあった。学校の近くで、低速でついてくる右翼の宣伝カーのスピーカーで「朝鮮人死ね！」「朝鮮に帰れ！」と大音量で怒鳴られるというのは、日常茶飯事だった。

地域の「番長」を決めるとかいう理由で、なぜか四月二九日は「チョン狩り」の日となっていた。「チョン」は朝鮮人の蔑称だ。当時の朝鮮学校は、日本の祝日は通常の登校日だった。「チョン狩り」の日は、担当の刑事と先生の指導のもとで集団登下校が行われた。

ＪＲ大宮駅に着くと、十条にある朝鮮高校に通っている卒業生のお兄さんたちと出くわすのが普通だった。「まっすぐ帰れよ」とか「宿題しろよ」とか言いながら、頭をなでてくれたりする、優しいお兄さんたちだ。

けれども、太いズボンにカラーを高くした学生服の彼らが、何をしに来たのかは分かっていた。初級部の頃は、近所の中級部のオンニ（お姉さん）と一緒に登校していた。

大宮駅に着くと、オンニの同級生の男子が学生服をパッと脱ぎ棄てるのが見えた。喧嘩が始まろうとしている。オンニは、学生服をさっと拾い、「先に行きなさい」と言う。学生服の裏は光沢のある絹で、いろんな刺繍がはいっていた。不思議と怖いと思ったことはない。私が中級部に上がる頃には、派手な喧嘩はほとんど見なかったように思う。

◆私たちの中にもいじめがあった◆

初級部四年生の時、埼玉県で在日朝鮮人中学生が、いじめを苦にして自殺するという事件があった。在日同胞で、しかも中学生の自殺ということだけでもショックだったのに、次第に明らかになるいじめの様子を知って、胸がつぶれるようだった。執拗で陰湿な嫌がらせと暴力は、朝鮮人だという理由で始まったというのだ。

それから数カ月後に、亡くなった中学生の弟が転校してきた。一度、彼の誕生日会をするということで、家に遊びに行った。ろうそくを吹き消して、切り分けたケーキを一切れ亡くなったお兄さんの遺影の前に供えた。

その時以外は、お兄さんの話をすることはなかった。ごく普通の、日本の学校から転校してくる「編入生」だった。国語（朝鮮語）の時間は、別の教室で授業を受け、それ以外は、隣に座った友だちの通訳を聞きながら授業を受けていた。みんな忘れているかのように時間が過ぎていった。

初級部の終わり頃から、中級部二年の冬まで、クラスの女子の中で、一人を集団で無視するいじめが、ターゲットを変えながら何度も繰り返された。

私も、ターゲットになったことがある。透明人間になったかのように、誰とも目が合わない一カ月を経験した。透明ではないんだなと、時おり気づかせてくれるのは、ひそひそと話す声と嘲笑とちらっとだけかすめて行く視線だった。原因も始まりも思い出すことができない。

ただひたすら、先生にバレてはいけない、同じ学校にいる姉や弟に知られたくないと思い続けていたことはよく覚えている。

ある朝、下を向いたまま教室に入ると、「アンニョン！」と挨拶が飛んできた。そうして、唐突にその状況は終わったのだった。

今でも、その時の指先のしびれるような、絶望的な感覚を生々しく覚えている。だからこそ、他の友だちがターゲットになった時、情けないし卑怯だけれど、かばったり、「もう、やめよう」と言ったりすることができなかった。

自然発生的に始まり、終わるように見えていたいじめだが、ターゲットといじめる方法を決めているのは、いつも同じ子だということに、中二になって、ようやく気が付いた。そうして、今まで順番にターゲットになってきた私たちによる、長い長い報復が始まった。

ほとんど全員が初級部一年から中級部三年までの九年間を共に過ごすのだ。きょうだいのように一緒に過ごしてきたのに、これはひどすぎる、どうにかしなくちゃと、私も思っていたし、多くの友だちも考えていたに違いない。けれども、「もう、やめよう」と言い出す勇気がなかった。

そんな時に、そのホワイトデーが巡ってきた。兄を、いじめを苦にした自殺で亡くしたその子が、キャンディでできた花束を持って教室に入ってきた。うつむいて自分の席に座っている彼女の前に歩み寄り、「これ、もらってくれ?」といって、恥ずかしそうに笑った。悪夢のように兄を失って転校してきた彼は、私たちが数年間繰り返してきたことを見ていたのだろうか。

単に彼女のことが好きだっただけなのだろうか。

今どきの言い方でいうと、空気が読めずに、大勢の前で告白するに至ったのだろうか。

もちろん、誰も確かめてみたりしなかった。

恥ずかしかった。そうして、最後のいじめは終わった。

思い出すたびに、恥ずかしくて申し訳なくていたたまれないけれど、感謝している。私だけではないと思う。

◆大切な先生たち◆

幼稚園から高校までの朝鮮学校生活のなかで、たくさんの魅力的な先生に出会ってきた。その中で、三人の先生のことを、今でも思い出す。

二人は、埼玉朝鮮初中級学校の先生だ。

朝鮮学校では、初級部四年生になると、全員がクラブ活動に参加することになっている。

私は美術部に入った。当時の美術部顧問の先生は、今も東京の朝鮮学校で教師をされている。先生は、鑑賞の喜びというか、美術館巡りを身近なものにしてくださった。

先生の提案で、銀座の小さな画廊で開かれていた、「イリヤ・レーピン展」に行った。「コサック」の絵を見た時に鳥肌が立った。その感覚が今も残っている。

安月給なのに、みんなにステーキをご馳走してくれた。特別な絵をみて、いつもの顔ぶれで、いつもと違う場所で、いつもと違う食事をしながら、今見て来た絵の話をした。

それからは、友だち同士で電車に乗って、美術館や博物館をたずねるようになった。

もう一人は、校長先生だ。校長先生は在日一世だった。当時、先生方はほとんどが在日二世か三世だった。

主に学校で朝鮮語を習い、習った朝鮮語で私たちに朝鮮語を教えてくれていた。そんな中で、校長先生の朝鮮語は、それはルーツのある朝鮮半島から話す口と共に日本に渡ってきて、在日朝鮮人の中で熟したという感じの朝鮮語だった。中三の時、ほぼ一年間、毎日のように、お弁当箱を持って教室に来られた。おかずの交換もしながら、いろんなおしゃべりをした。全教科を朝鮮語で習っているので、朝鮮語を話す時に、頭の中で日本語を先に思い浮かべて翻訳するということはない。けれども、日本語でしか思い浮かばない言葉もある。テレビの話をしたり、芸能人の話をしたり、植物や動物や気候の話など、教科書外の朝鮮語ボキャブラリーは、やはり足りなかった。校長先生は、どんな話題にでもニコニコと朝鮮語で付き合ってくださった。

あの時間は、あとから考えると、かなり貴重だったと思うのだ。

三人目の先生は、東京朝鮮高校三年時の担任の先生だ。彼女は、一九五〇年代、友だちと一緒に北海道から船で祖国朝鮮に渡り、平壌で大学に通おうと、本気で画策したという夢見がちな学生だったそうだ。アルバイトをして、あともう少しというところで、目星をつけていた船主が怖気づいたという話を笑いながらしてくれた。結局は日本で大学に入るのだが、在学中に朝鮮学校の教員が足りないから手伝ってくれと頼まれる。教師という職業が面白くて、大学はあっさり中退して三〇年、朝鮮学校の教師一筋という方だった。教科は日本語の担当だった。

私は大学には行かないつもりだったのに、ちょっとしたきっかけがあって、高三の五月というかなり遅い時期に進学を決心した。農学部志望だった。

経済的にも性格的にも、浪人は無理だろうと思っていたので、それなりの覚悟で頑張っていた。そんな時に、担任は何度も何度も呼びだして、いろんな話をした。回を重ねるごとに、狙いがはっきりしてきた。大学を出て、朝鮮学校の教師になれというのだ。

ある時は、「農学部いいわね。でもね、植物というのは、年に一回、変化が確認できたり、できないこともあるでしょうね。人間はね、毎日変化するのよ。植物よりもね、言葉もしゃべって、毎日変化する人間を相手にするほうが、あなたには向いてるような気がするわ」と、しらっと話された。

そして、ある日、「教師になって、大学を中退して、いつもベストを尽くして来ました。後悔はないの。でも、たったひとつ、子どもたちに申し訳ないと思うことは、私が、日本語を専攻していないのに、日本語を教えているということ。ふとした時に、思い知らされるのよ。今、朝鮮大学校には日本語専攻がありません。全国の朝鮮学校に日本語を専攻した教師は一人もいないの。日本語を専攻して帰って来なさい。私が席をあけて迎えるから」とおっしゃった。

そうして、日本語専攻に変更した。

◆教師となって母校に戻る◆

先生は、四世、五世と代が進むにつれて、知識や情緒を育むために、また朝鮮語をもっと上手に使えるようにするためにも、日本語教育は大事ですよと、繰り返し話してくれた。

四年の後、頼りないながら、日本語を専攻した教師として、母校に戻った。

教師たちの集まりや宴会の終わりなどに、主題歌のように歌っていた「人民教師の歌」という歌がある。

一本の木にも 真心をこめて
豊かに茂り 森をなし
青き山脈となれと 願うこの心
国の礎を育てる この喜び

人を育てる話を木にたとえた歌詞は、歌うたびに、先生を思い出させた。

今年、娘が卒業した、大阪朝鮮高級学校には魅力的な日本語の先生がいる。

図書室の担当もされていて、彼女の推薦した本は、生徒たちが競って読むという。

私の娘も、先生のおすすめは一〇〇％信頼できると話していた。朝鮮大学校で日本語を専攻された先生だ。

私も時々、図書室に本を寄贈するということを口実にして、先生に会いに行く。本を渡しながら、先生が話してくれる授業の話や、本を読んだ生徒の感想などを聞くのが、ひそかな楽しみなのだ。

「教員たちの資質を高めてこそ学生たちの実力も高めることができる」
「情熱、それは偉大な創造の源泉である」（背景に掲げられている標語）

そういうわけで、娘は卒業したけれど、寄贈するための本をこつこつ集めている。

◆朝鮮学校は学校じゃない？◆

朝鮮高校を卒業して、日本の大学に通っている時、こんなことがあった。

教員免許を取得するためには、必ず教育実習を行わなければならない。友人たちは、ほとんどが母校で実習する。私の通った大学は、朝鮮学校での実習を認めていないことを、朝鮮学校出身の先輩に聞いて知っていた。教職課程の窓口に、実習校の紹介を願い出ようと考えていた。

一緒にいた友人が、「なんで母校でしないの？」と聞くので、「朝鮮学校だから……」と、なんとなく答えた。すると、友人が「朝鮮学校じゃ、だめなの？　だって、李ちゃん、普通に受験して入ってきたんでしょう？　なんで？」と言うのだ。

そうか、駄目で元々、申請だけでもしてみようと思いたった。

担当者は書類を見て、「あ、ここは学校じゃないから、実習単位は認められませんよ」と言った。

「学校じゃないって、どういうことですか？　私は、この学校に通って、この学校の卒業資格で受験して入ってきたんです。確認だけでもしてもらえませんか？」と、腹立ちを抑えてお願いした。

担当者は、聞く耳を持たないどころか、「なんでそれが認められているのか分かりませんね。だいたい、そこの先生はどういう資格で教師をしてるんですかね」と、割合きつめの口調で言うのだった。

頭に血が上って、何をどう説明すればよいのか、まったく思い浮かばなかった。

「教職課程の事務課とかいって、なんにも知らないんですね。気分悪い。免許なんかいるか」というようなことを言って、そのまま出て来てしまった。

教員免許は諦めよう。

朝鮮大学校に行かなかったので、一応、目安として教員免許をとっておこうと思ったけど仕方がないと思うことにした。

数日後、件の職員から電話がかかってきた。

「教員免許自体は自治体が出すのですが、実習単位の権限は完全に大学にあるそうなんです。私たちも初めて知ったんですよ。なので、朝鮮学校での実習単位を認めます」という内容だった。

◆差別との戦いは終わらない◆

その電話がかかってくるまでに、ちょっとした事件があった。

キャンパスで、「差別落書き」が発見されたのだ。私の通っていた大学で、たびたび発見された「差別落書き」の内容の定番は、「部落民と朝鮮人を撲滅しよう」というものだった。

他大学の在日学生との活動が多くて、あまりキャンパスに居着かない私に、事件のことを教えてくれたのは、部落解放研究会のメンバーだった。

「大学側に抗議に行くけど、一緒に行く？　別で行く？」ということも聞いてくれる。別で行くことになった。担当者はいつものように「差別事件が起きたら、大学側としてきちんと対処します」と答えた。

私は、数日前に教職課程の窓口であったことを伝えてから、「同じ空間で、同じように生活している人について、まったく知らないということ自体を知らないし、知ろうともしないって、実質、排除してるってことじゃないですか？　気づくことすらできないのに、差別があったときって言いますけど、何が差別かわかるとは、とうてい思えませんけど」という内容の話を伝えた。相手の無反応ぶりを目の当たりにして頭の中が真っ白になってしまった。

その場は、「努力します」というような話だけを聞いて帰ってきた。そして、その数日後に電話がかかってきたのだった。二四年前のことだ。

今日、極右が堂々と大手を振って、差別的な言説を垂れ流しているヘイトスピーチや、朝鮮学校の高校無償化からの排除、そして朝鮮学校や在日朝鮮人について、知っていることはほとんど無いにもかかわらず、在日朝鮮人の権利を「特権」かどうか論じる有名無名の人々を見るにつけ、大学時代のこの出来事を思い出す。

朝鮮高校の無償化と凍結されてしまった自治体の補助金の再開を求めて、私たちは今、いくつかの裁判を闘っている。

この間、裁判や集会の場で、在日の若い弁護士たちの姿に接し、朝鮮学校の問題は植民地清算の問題であるとともに、普遍的な権利の問題だという弁護団の日本人弁護士の話を聞いて、胸のつかえがとれたような気がするのだ。

二四年前の私に、「こういう考え方があるし、こういう戦い方があるんだよ」って教えてあげる方法はないだろうか。

◆私の望む子どもたちの姿◆

私が望んでいる子どもたちの姿は、自分が在日朝鮮人であるという事実を、とても自然に受け止めることができて、日本人にも、南北問わず朝鮮半島で生まれ育った同胞たちにも、そのことを堂々と言える、そんな姿だ。在日朝鮮人が日本で暮らしてきた、この長い時間に、祖父母や両親の世代が、何を願い、何を夢見て、何をしてきたのか、よく理解して、それを検討し、愛情を持って感謝し、愛情を持って批判もする、そこから新しい世代としての第一歩を踏み出してほしいと思っている。

また、民族の一員として、二つに分かれている祖国の架け橋となり得る能力と心を、自然な形で持てるように育てたい。

そのために、言葉や歴史を学ぶだけではなく、同じ背景の子どもたちとともに、同じ背景を共有する先生たちに見守られながら、子どもが心の底から安心して過ごせる空間としての朝鮮学校をかけがえのないものと考えている。現在、中三の息子はサッカーに夢中だ。

息子のいる、東大阪朝鮮中級学校サッカー部は大阪市の予選を勝ち抜き、大阪府大会で準優勝となり、大阪府の代表として近畿大会に出場した。

息子には、朝鮮学校でサッカーをする道以外にも、クラブチームや日本の学校のサッカー部という

選択もあるよという話をしたことがある。

その時の答えは、こうだった。

「朝鮮学校のサッカー部で、好きなサッカーを頑張ると、在日同胞が喜んでくれるし、勝ったら、『朝鮮学校すごい』って言われるやん？　そういうの、一石二鳥っていう感じでいいかなぁと思うねん」

これだから、子どもたちの応援はやめられないのだ。

大変なことはたくさんあるけれど、こんな風に、朝鮮学校保護者として、楽しいことの方が多い生活を送れていると思っている。

2　消えてしまった私の故郷《ふるさと》

具良鈺（ク・リャンオク）一九八二年生
大阪で弁護士として活動中

皆さんにも故郷があるでしょう？

幼き日の思い出がふつふつと蘇るなつかしい心の故郷、楽しかった追憶が走馬燈のように駆け巡る、いとおしい故郷。私には故郷が三つありました。しかし今は、全て消えてしまいました。でもこの三つの故郷こそ、私の根源であり根本です。

◆初めての故郷――ウトロ◆

私には生を受けた故郷があります。それは世界的な文化都市といわれる京都の南端、緑茶栽培で有名な宇治市の一角にあるウトロ地区と呼ばれるところです。

ウトロへの出入口である細い路地裏道をまっすぐ進むと出くわす小さな石橋を渡り、幼なじみが住んでいた家の前を通りすぎると、プッコチュ（青唐辛子）やにんにくが、トタン屋根や石塀のあちこちに干されています。くねくねした細道を道なりに沿って進むと、ウトロの住民たちが事あるごとに集まる広々としたマダン（一〇〇坪くらいの広場）に行き着きます。これが私が生まれ育ったふるさと――ウトロです。

この地は、戦争（第二次世界大戦）が終わり数十年経った後も、ずっと植民地時代の惨禍を拭いきれず苦しんできました。天真爛漫に遊び回った村のあちらこちらが、実は強制連行で連れてこられ、（当時の）飛行場建設に狩り出された一世の祖父母たちの呻き声が潜んでいる地であったことを、私はずっ

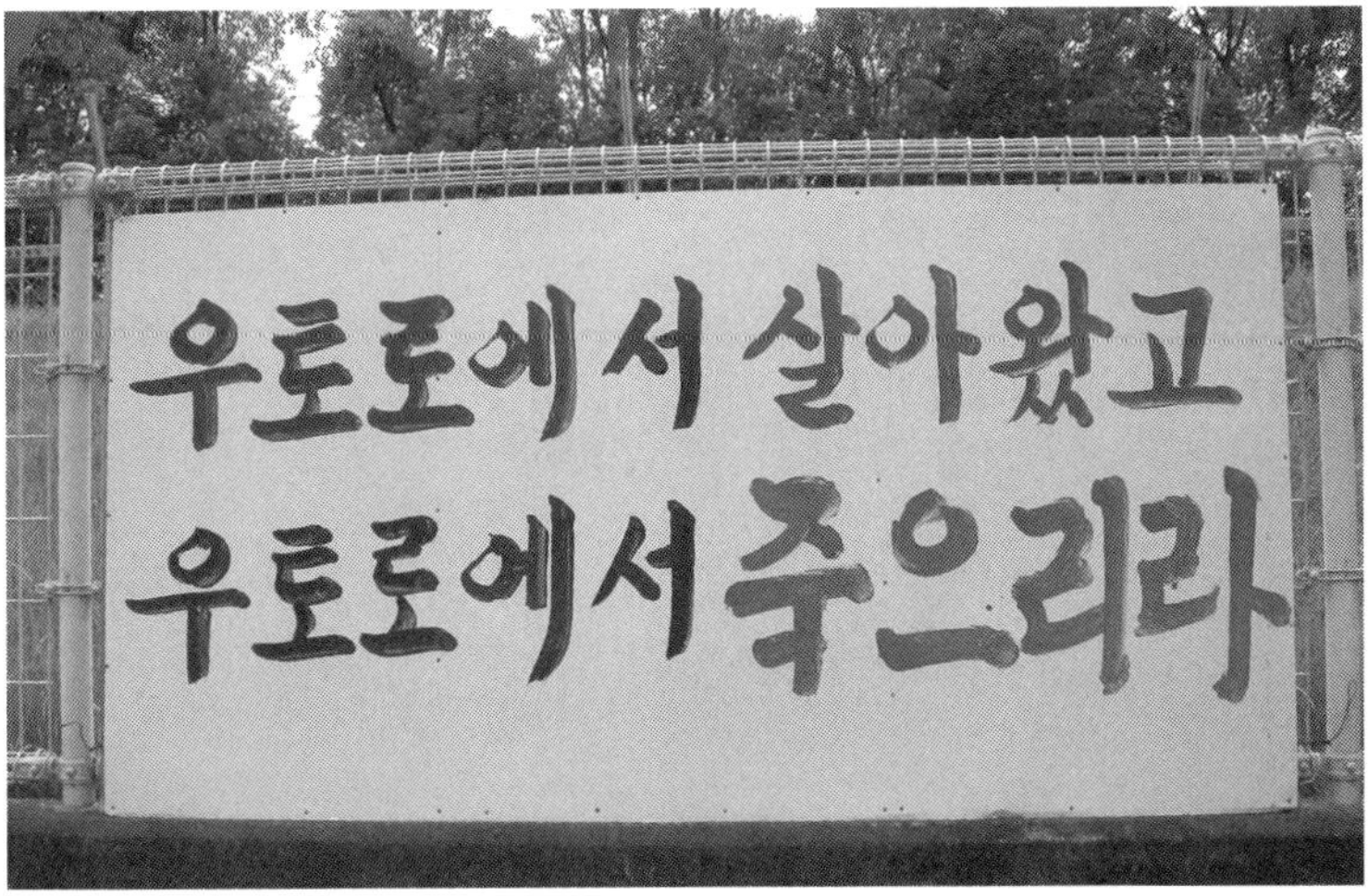

長い間、戦後補償と強制撤去反対のために闘ってきた京都の在日朝鮮人集住地区、ウトロ
「ウトロで生きてきた、ウトロで死にたい」

と後に知ることになりました。

思い起こせば、父や母とともにウトロの現状を訴える集会に参加したこともありました。同胞たちはウトロのマダンを起点に宇治市内までデモしたりもしました。

風船が舞い上がるなか、大人たちは幼い私には理解できないスローガンを叫んでいました。私はただ自分の小さな左手に持たされた風船が嬉しくて、キャッキャッ騒ぎながら大人たちについて行った記憶が、今でも鮮明に残っています。「土地裁判」勝訴のためのデモであったことも後日知ることになりました。ウトロは「不法占拠」であるから「土地を明け渡せ」と要求されていて、その不当性を訴えるデモでした。

一二才の時、私は住み慣れた故郷ウトロを去らねばならないという事実を知りました。その頃、私は自分が住んでいるウトロが、裁判沙汰になっていることを何となく感じとっていました。なぜ、私たちの祖父母たちが被告席に立たされるのか、年老いたハラボジ（おじいさん）、ハルモニ（おばあさん）たちの姿を見るたび、幼い胸が張り裂けそうになりました。

なぜ、今になってウトロから出て行けと言われなければならないのか、強制的に引っ張って来て無理矢理働かせておい

て今度は手前勝手に出て行けと言うのか、幼い私には細かい事情は理解できませんでしたが、幼いなりに多くのことを考え深く感じるところがありました。

「我らの故郷ウトロ」

「死んでも離れる事はできない」

「ウトロで生きてきた、ウトロで死にたい」

裁判が行われる間、そして日本の最高裁で敗訴が確定し強制退去の執行段階に至るまで、ウトロのあちらこちらにウトロの同胞たちが自ら作ったスローガンや看板が並びました。戦争が終り六〇年以上が過ぎたにもかかわらず、私のふるさとウトロはいまだ戦争のまっただ中にいるのです。

ウトロ問題は、その土地の一部を買取る形で解決され、今は「町作り」という日本の行政の都市化再生計画が推進されています。

韓国市民のたくさんの関心と支援があり、そのおかげで最悪の事態だけは免れました。

しかし強制退去がいつまた執行されるかも知れない不安と恐怖から、ウトロの多くの同胞たちは既にこの地を去りました。

その中に私と私の家族もいました。

ウトロは消えました。

私が生まれ育ったふるさとの地はこのように奪われてしまったのです。

右翼たちの攻撃を受けた、旧京都朝鮮第一初級学校の運動場と校舎全景　©Kazuhiro Nakayama

◆二つ目の故郷——朝鮮学校◆

私には「学び」の故郷があります。

この世に生を受け初めて「가《カ》나《ナ》다《タ》라《ラ》」（「あいうえお」に相当するもの）を学び、ウリナラ（我が祖国）を教えてくれ、自分がなぜ、日本で「ク・リャンオク」として生まれたのかを教えてくれた故郷です。

小学校時代を過した京都朝鮮第一初中級学校。校舎は貧相で、まともな運動場さえ備えていない学校だったけれど、私にとっての唯一、この世に存在する温かい学びのゆりかご、心のよりどころでした。そして正にこの学校こそ二〇〇九年「在特会（在日特権を許さない市民の会）」という右翼の襲撃を受けた所なのです。

日本の保育園に通った私はなぜ、自分の名前がみんなと違うのか、なぜ両親をお父さん、お母さんと呼ばず「アボジ、オモニ」と呼ぶのか、お昼寝の布団には幼い日本の友だちはまともに読む事すら出来ない「ぐ・りゃんおぎ」と書かねばならないのか……全てが疑問だらけでした。

「私はみんなと少し違うのかな？　私は少しおかしいのかな？」

私の母校は、こんなもろもろの疑問に全てきれいにさっぱり答えてくれました。日本の保育園に行きたくないと駄々をこね母を困らせた私が、初めて心の底から行きたいと思った、そして居たいと思った在るべき居場所を探しあてたようでした。

自分と同じ民族の名前と姓を持った友だち、日本の名前でないのが少しもおかしくもなく恥ずかしくもないことを諭してくれたところ、無条件・説明無しでみんなが自然体で「リャンオギ」と呼んでくれる心休まる場所、友だちと遊びほうけていたずらしたり、かくれんぼしたりして先生に叱られた追憶、端正な教室、机や椅子、階段、コンクリート壁のひびや傷の一つひとつに刻まれた、楽しかった幼い日々の思い出がぎっしり詰まったところ。この場所こそ、幼い私の胸に自分の根本と民族の魂を植えつけてくれた第二の故郷です。

しかし、この学びのゆりかごが二〇〇九年一二月、そして二〇一〇年一月と三月、三回にわたり「在特会」に襲撃されました。「在特会」は幼い在日朝鮮人の子どもたちの学舎のまん前で白昼堂々と一時間以上拡声器片手に「スパイ養成機関だ」「スパイの子どもたちだ」「学校ではない」「キムチ臭い」「日本から出て行け」等々、あらゆる差別的暴言でヘイトスピーチを好き放題に行いました。これは、まごうことなきアイデンティティの殺人行為でした。

この事件は、折しも私が弁護士登録を終えたその月に起こりました。私たちは弁護団を作り「在特会」に対する告訴と民事裁判などの法的措置に取りかかりました。そこにいたるまでたくさんの葛藤と苦悩を克服しなければなりませんでした。

二〇〇九年一二月、事件当日。学校の要請を受けて一〇分後には到着したはずの警察官は、まん前で差別的発言と学校所有物を破壊する犯罪行為を目のあたりにしながら、対岸の火の如く傍観するだけでした。「在特会」の悪意に満ちた行為を阻止するどころか、子どもたちを守ろうと「在特会」に反論しようとする同胞たちを反対に止めようとするありさまでした。このように、警察の目前での「在特会」の蛮行は一時間以上続きました。事件後数年がたち、やっとこの「在特会」メンバーの刑事事件に対する有罪判決が下されました。それさえも侮辱罪、器物損壊罪、営業妨害などのごく軽い罪でした。警察はその日、その場で逮捕可能な状況だったにもかかわらず、彼らの犯罪行為を拱手傍観したのです。この現状の前で学校関係者は、我々には人権さえも無いのか、と絶望せざるをえませんでした。事件直後、告訴しようにも受理さえ拒否しようとする検察庁の姿勢には茫然自失しました。弁護団と当事者たちが検察に何回も切実にその被害を訴え、いく度となく協議を重ねた末、やっと告訴が受理されました。にもかかわらず実に六ヶ月の間、捜査さえ行おうとしない、そんな状況でした。

その間に「在特会」の二度目の襲撃にあい、学校は大混乱に陥ってしまいました。子どもたちが心置きなく学べる場であるべき学校が、瞬時に熾烈な戦場にまで変わってしまいました。二回も襲撃事件が起こって、京都地裁はようやく学校周辺二〇〇メートル以内での街宣活動禁止の仮処分命令を発令しました。幼い子どもたちと保護者、学校関係者たちは暫時安心しましたが、「在特会」は裁判所の仮処分命令さえも無視し、白昼堂々と三回目の襲撃を敢行しました。

学校当事者たちは無力感と絶望感にみまわれました。

「警察も検察も裁判所さえも、彼らの悪質な差別行為を阻止できない。我々には人権さえ認められないのか……」

一方、子どもたちは恐怖のため、学校に通うのを戸惑ったり、自分が在日朝鮮人として生まれたことに疑念を抱いたり、夜尿症などの不安症状をみせるなど、憂うべき症状が表れました。

思い起こせば私もやはり幼い頃、日朝・日韓関係が悪化したり緊張したりするたび、通学途中で見知らぬ人に「朝鮮人は死ね」と暴言を吐かれた事もありました。ついには制服であるチマチョゴリで登校する女子生徒にカミソリで切りつける等の暴行事件が相次いだため、通学時にチマチョゴリが着られなくなった経験もしていました。私自身、チマチョゴリを着ないようにとの学校の方針に強く抗議し、先生方を困らせたこともありました。

「私たちが何か悪いことをしましたか？　なぜ自分を隠すように生きねばならないのですか？　私はチマチョゴリを着て堂々と学校に通います。刃物でも爆弾でも受けてたちます」

国家間の軋轢や大人たちの不満が、そのこと自体にはいかなる影響も及ぼさない在日同胞の子どもたちに向けられるというこの事実。こんな悲劇が何十年もの間、相も変わらず続いているこの現実。にもかかわらず、ウリハッキョの子どもたちは歯を食いしばり、自分の根本を胸に刻み強く逞しく生きて行かねばならない現実。日本社会に根強く残っている差別意識と、在日朝鮮人に対する無理解・無関心が集約されて今回の学校襲撃事件は起こり、これを日本の国家権力さえも阻止できなかったのです。

私たちはベストを尽くしました。残された道は、学校が原告になり、在特会に対して民事損害賠償請求する方法だけでしたが、この道にはあまりに大きな、そして危険な負担が強いられます。

日本で社会的裁判を起こしても、一審判決までには三年から五年の歳月を要します。その間、裁判のため当事者に課せられる負担と苦労は想像を絶するものです。

何よりも、心の傷を深く受けた幼い子どもたちと保護者たちに、あの悪夢の事件をいく度となく思い起こさせねばなりません。二度と思い出したくないはずの差別体験の記憶を想起させ、またそんな苦しい作業を経て訴訟したとしても、納得できる判決を得られるかどうかわかりません。

今までの日本の裁判所の判例によると、一般的な侮辱や名誉毀損を越え、それが差別と認定され、少数の人々、特に植民地支配の結果日本に住むこととなった在日朝鮮人の民族教育現場に対する差別が、どれほど彼らに大きな痛手になるかについてを正当に判断してくれるのか、越えなければならない山があまりに大きすぎました。ましてや二〇〇九年当時は「在特会」という存在も、ヘイトスピーチという言葉も、日本社会ではほとんど認知されていない状況でした。

保護者と学校関係者、弁護団はたび重なる論議と苦心の末、過去から繰り返されてきた差別に対してあきらめ嘆いてばかりいられないと決心し、民事裁判に立ち上がりました。苦悩の末に下した苦渋の決断でした。

結局、約四年の法廷闘争を経て、二〇一三年一〇月七日画期的な一審判決が出ました。けれど当事者たちの心の中から笑いは消えてしまった後でした。子どもたちの胸に深く刻み込まれた傷跡は一生消える事なく残るでしょう。「ヘイトスピーチ判決」として世間に広く知らしめたこの日の京都地裁での判決は、当事者にひとつの大きな転換点になったのは紛れもない事実です。しかしその間、どれほど多くの涙と苦痛と苦悩があったのか、そして相も変わらずこれからも彼らはこの問題に立ち向わなければならないという事実を、私たちは決して忘れることはできません。

私自身、自分の母校を守ろうと必死でした。時には、許されるなら逃げたい、避けたいと思ってしまうこともありました。その日の事件を頭の片隅に追いやり蓋をし、無かったこ

具良鈺（ク・リャンオク）弁護士
©Kazuhiro Nakayama

とにしたいと思いました。心の傷をいく度となくほじくりだし膿を絞り出さなければならないのですが、これは決してたやすいことではありません。

私はあくまで弁護士として、代理人としてこの事件を担当しようとしましたが、そうはできませんでした。襲撃の動画を見るたび、裁判官に映像を見せるたび、心の平穏を保とうとしても、ウリハッキョでの宝物の様な日々が泥だらけの足で踏みにじられる思いでした。嗚咽で胸が張り裂けそうでした。裁判闘争を経る中で私自身、自分のアイデンティティを回復することになりました。弁護士でありながら、私自身自分を取り戻せたと感じました。

私の母校は二〇一二年三月末をもって悲しくも閉校してしまいました。この襲撃事件が大きく影響したようです。

こんな風に私の学びの故郷《ふるさと》はまた消えてしまいました。

◆三つ目の故郷――慶尚北道と済州島◆

私には「心のふるさと」があります。

祖父母たちが生まれ育った地――慶尚北道と済州島。ハラボジとハルモニは植民地時代に慶尚北道達成郡（当時）で結婚し、当時のたくさんの朝鮮人がそうだったように生活の場、生きる道を求めて日本に渡って来ました。

日本に行けば働き口はある、食べてはいけるとのうわさを信じての決断でした。

しかし、実際は働き口もなく、ハラボジは朝鮮人労働者が酷使された炭坑等などで肉体労働を余儀なくされました。差別と貧困の中、七人の子どもたちを育て上げた祖父母の苦労は、筆舌につくしがたいものでした。差別と苦境の中でも、祖父母は常に生まれ育った故郷の姿を心に秘めてました。牛や鶏を飼いながら、人々は仲むつまじく過したのどかな田舎村だと、祖父母は故郷の話をされるたび目を輝かせました。うっすらと涙を浮かべていた姿が脳裏から消えることはありません。母方の祖父は済州島北部生まれの漁夫出身でした。済州島で舟に乗っていた時の結婚前の祖父の写真が一枚残っていました。とてもかっこよくりりしい姿に、祖母と私は「男前好きは血筋だね」と爆笑したりもしました。一二人兄弟の一人娘として文班の家に生まれた祖母ですが、「女」というだけで学校にも行けず、家事手伝いに追われ苦労したそうです。母方の祖父母も戦時中の混乱期に日本に渡って来て大阪大空襲も経験し、必死に生き延びて来ました。

祖父母たちはチェサ（祭祀）のたび、そして時々私がたずねるたび、チヂミ、豚足、どじょう汁、モン汁、シル餅、松片餅などなど、いろんな朝鮮の惣菜で慶尚北道と済州島の故郷の味を伝えてくれました。

「ウリナラ（わが国）が二つに別れている間は故郷には絶対帰らない、一つになったら、行くんだ、それが夢や」

母方の祖母の夢はいまだ成しえていません。いつの間にか祖父母たちの故郷は、私の心の故郷になっていました。けれど、私はその地に足を踏み入れることができません。日本の旧外国人登録法上、私は「朝鮮籍」だからです。

「朝鮮籍」はそれ自体が国籍を表わすものではありません。一九四五年、朝鮮が解放されるまで、我々を「日本国籍者」として扱って来た日本は、敗戦すると、外国人管理を目的として作った法令で在日朝鮮人を外国人とみなし、便宜上ここに「朝鮮」という記号を付したのでした。

その後、朝鮮半島は二つに別れ、韓日条約などを経て日本政府は在日朝鮮人が「朝鮮」から「韓国」に変更すれば「協定永住権」を与えるなどの便益を供与し、在日朝鮮人に対する戦後補償問題も終了しようとしました。

私の祖父母たちは朝鮮半島が二つに分断された状況のなか、いずれか一方を選択できないと「不便な朝鮮籍」をそのまま持ち続けています。「朝鮮籍」とは、言うならば、すでに消えてしまった分断前の朝鮮を意味します。無国籍状態でありながら、同時にそれは南北両方に所属している状態だとも言えます。

私は祖父母たちの意志を受けつぎ「朝鮮籍」を持ち続けています。そのため韓国に入国することができません。弁護士登録をして五年もすぎましたが、弁護士業務で韓国に行こうとして、すでに三回も「入国不許可」になりました。

日本の弁護士が韓国の電子訴訟制度、刑事手続、労働法制度などを習おうと日本弁護士連合会の代表たちが韓国を訪問する際、私も選ばれ代表団兼通訳として韓国と日本の架橋になれればという思いから行ってみたかったのです。しかし「朝鮮籍」という理由だけで、韓国に入国することはできませんでした。

この世の中で一番行きにくいところが、まさに我がふるさとなのです。この現実、自分のふるさとに足を踏み入れることさえままならないこの現実――民族分断の悲劇に、私の胸は張りさけそうになります。私の祖父母たちが愛した故郷はすでに消えてしまいました。私の心のふるさとは消えたのです。

私の故郷はこんな風に消えてしまいました。私は自身の故郷の話を通して誰かの同情を得るかも知れません。しかしそれは、私がこれを書いた趣旨ではありません。私は悲劇を語りたいのではありません。これまでの全ての経験が今の私を作り、また、私に未来に対する希望を抱かせてくれたのだと思います。

このことに私は心から感謝しています。

消えた故郷は私に多くの大切な物をくれました。私がウトロに住まなかったなら、朝鮮学校に通わなかったなら、祖父母たちのふるさとをたずねようとしなかったなら、出会うことがなかったであろうたくさんの大切な人たちと引き合わせてくれ、想像すらできないであろういろんなことを体験させてくれました。

ウトロの土地問題、「在特会」との闘い、韓国入国問題などで私にお力添えしてくださったたくさんの同胞の皆さん、韓国の皆さん、日本の皆さん、家族、親戚、友人たちに心から深い感謝の意と敬意を伝えたいと思います。

「空がくずれ落ちるとも、抜け出る道がある」（朝鮮民族のことわざ）ということを、苦労の末には必ず幸せが来るということを、体験を通し悟ることができ、私自身たくさんの人たちの深くあたたかい愛情と慈しみに包まれ生きていることを実感できました。

このような恩に報いるためにも、私はこれからも在日朝鮮人弁護士として、日本に住む在日朝鮮人の法的地位向上のため、ウリハッキョの民族教育の権利を法的に保障できるよう邁進していきます。また、日本と韓国、朝鮮との関係改善にも力を尽くしていきます。

いつか韓国の同胞たちと会える日も来ることでしょう。その日が遠からぬことを信じ願いつつ、ペンを置くことにします。

3　わが子を朝鮮学校に通わせた理由
——日本学校を卒業した在日朝鮮人オモニの話

申嘉美（シン・カミ）一九六五年生
東京在住。会社員。

◆はじめて書いてみる私の話◆

「えっ？　夫婦ふたりとも日本の学校だったの⁉」

　娘が朝鮮学校に入学して大学一年生になる今日まで、保護者たちから、そんな驚きの反応をされることは、決して少なくありませんでした。そして、その理由を、「私たち二人とも、子どもにウリマルを教えてあげられないから」と答えると、たいていの方は、それ以上聞かず、優しいまなざしを返してくれました。きっと、ほとんどの方が、本当はそんな単純な理由だけではないと、わかっていたのではないでしょうか。この日本社会で、いまだ義務教育認定もされず、お金もかかり、差別も受けるという朝鮮学校に、親の代から継いで、わが子を通わせているという方たちなのですから。

　私が子どもを朝鮮学校に通わせた理由。それをきちんと伝えようとすると、私自身の幼少期にまで遡ることになります。こうして、あらためて書き綴るのは初めてのことで、いざ記憶をたどってみると、思い出す一つひとつの出来事に、今更ながら、悲しみと悔しさがこみ上げる自分自身に驚いています。「予想以上に精神的エネルギー使う作業になりそうだ、それに、たいした学歴も文才もない私がうまく書けるのか？」と、心配が頭をよぎりました。それでも書いてみようと思います。私の経験と思いを伝えることが、朝鮮学校を理解する一助になることを願いながら。

@NEWSTYLE

◆幼少期の記憶：近所の朝鮮学校◆

私は東京の同胞集住地域で生まれ育ち、幼いころの商店街には、キムチやチョゴリを売るお店があり、チョゴリ制服を着た朝鮮学校の女子学生の姿を見かけることは日常の風景でした。朝鮮学校に通う友だちもいたので、その校庭で遊ぶことや、運動会を見る機会もありました。運動会では、生徒はもちろん、親たちが熱心に応援し、競技にも張り切って参加する姿が、「日本の学校よりも楽しそう！」と、強く印象に残りました。また、「夏期学校」という、日本学校に通う在日朝鮮人の小学生を対象に、朝鮮高校生たちが民族の文字や歌などを教えてくれる場に参加したこともありました。本名の朝鮮名で呼ばれ、朝鮮語で挨拶し、朝鮮の文字を書き、朝鮮語で歌を歌うという経験は、たった一週間でしたが、とても貴重なものとなりました。

当時、日本の子どもたちが「朝鮮学校ボロ学校」と馬鹿にしてはやし立てる言葉を耳にしましたが、朝鮮学校に通う友だちが、それに付け加えた形で「朝鮮学校ボロ学校。入ってみたらいい学校」と言っていました。私は、本当にそうだなあと、幼いながら感じたものでした。

◆学生時代：「大丈夫、日本人と変わらないよ」◆

日本学校の生活では、私自身が特にひどいいじめや差別を受けることはありませんでした。それでも、友人の言葉から、潜在的差別意識を痛感させられる経験はいくつかありました。その中でも、今も強く心に残り忘れることができないのは、高校の時の友人の言葉です。

初めて、うちに遊びに来てもらった帰り、友人が私に訊きました
「もしかして、日本人じゃない？」

「そう、韓国人だよ。そういえば、ちゃんと言ったことなかったね」

「そうなんだ……大丈夫、同じだよ。日本人と変わらないよ」

一見気遣うようで、しかしハッキリと外国人である私を否定する言葉。驚きで言葉が見つかりませんでした。いいえ、見つからなかったのではなく、民族の言葉も文化も歴史も知らず通名で暮らす私には、「同じ」といわれて、「同じじゃないのに」と思いながら、日本人との違いを語る術など持ち合わせていなかったのです。結局、それまで将来を語り合い、生涯友人だと思えるほどのつきあいをしてきた友人とは、そのことがきっかけで、次第に疎遠になりました。

◆青年期の記憶：初めて学んだ民族の歴史◆

高校を卒業するころ、ある民族団体に出会い、日本学校では決して学ぶことのできなかった、民族の歴史、在日朝鮮人渡航史、解放後の民族教育への弾圧、祖国分断の現実について、多くを学びました。私はそれまで、日本人になりたいと思ったことはありませんでしたが、韓国人で良かったと思えることもありませんでした。民族の歴史や在日の歴史を学んでゆくと、「日本人じゃなくてもいいんだ」という思いが生まれ、さらに「在日として堂々と生きたい」という思いに変化して行きました。また、私にとって祖国というものは、「国籍が韓国だから韓国」という既成概念だったものから、「たとえ分

断して二つの国家が存在していても、朝鮮半島すべてが私の祖国なのだ」と考えるようになりました。そして、祖国が一日も早く統一して、同胞同士が反目しあう関係がなくなってほしい。民族教育をはじめとする、在日朝鮮人への差別問題を解決する大きな力となってほしい。そう願うようになりました。

◆親との対立：失望を繰り返しながら◆

自分が何者であるかを理解すると、「在日として堂々と生きたい」という気持ちは日増しに高まってゆきました。しかし、そのための行動を起こすたびに、ことごとく反対するのは、他でもない自分の親でした。

成人式を迎える年、母はあたり前のようにチョゴリを仕立ててくれました。亡くなった私の母は一〇代半ばに日本に来た一世で、親戚の結婚式には必ずチョゴリを着ていました。ところが、「寒いときはチョゴリの上に何を羽織ればいいの？」と聞いた私に、返ってきた母のことばは「チョゴリを家から着ていくの？　そんな恥ずかしいことしちゃだめ」という驚きのことばでした。私は涙が止まりませんでした。

歴史学習で「創氏改名」を学んだとき、通名が同化政策の象徴であると知った私は、それ以降、通名を名乗っていることが嫌になり、勤めていた会社で本名に変えました。親は、「通名がなくて、どうやって生きていくの⁉」と嘆いていました。

結婚して生まれた子どもに名前をつけるとき、本名だけにするのが夫婦の一致した考えでした。夫の父親は、「通名をつけないで差別されたらどうするんだ」というので、夫が「俺が守る」と答えました。義父は言葉なく電話を切ったそうです。

親から反対されることは、友人から拒絶されることより、何倍も悲しく苦しいものです。それでも、親の考えに失望し反発を繰り返しはしても、親を嫌いにはなれませんでした。なぜなら、そのように差別を受け入れ卑屈な考えになってしまった理由を、在日朝鮮人が苦悩した歴史を学んで痛いほど理解できたからです。同じような考えを持つ在日朝鮮人が、この日本社会に多数存在していることの不幸を、悲しまずにはいられませんでした。

◆娘の成長：子どもにとっての最善の道◆

自分の子どもには、絶対に「アッパ（お父さん）」「オンマ（お母さん）」と呼ばせたいと思っていたので、初めて呼ばれたときは、本当に嬉しくてたまりませんでした。単純かもしれませんが、子どもが「アッパ」「オンマ」と呼び、親が子どもの民族名を呼ぶことが、私たち親子の、朝鮮人としての自覚を育てるような気がしました。それでも、民族の言葉をたくさん教えてあげられない無念さは、心の片隅で感じていました。やはり子どもには、民族のことばを話せるようになる環境を与えてあげたい。そのためには、近所の朝鮮学校に通うのが一番ではないか。そう考えるようになりました。

娘の就学の時期が近づくと、私たち夫婦は、子どもを日本学校に通わせるか、朝鮮学校に通わせるか、具体的に検討を始めました。

私は、子どものころに慣れ親しんだことのある朝鮮学校の経験と記憶から、「子どもが在日同胞の先生と友達に囲まれ、朝鮮語を学べることは大切なことだと思う。朝鮮学校が良いかな？　と考えている」と、夫に話しました。夫は私とは違って、在日朝鮮人の集住地域ではないところで生まれ、朝鮮学校との接点は一度もなく育ちました。娘の入学先については、日本学校に通わせて、万が一学校で差別を受けた時は、親として闘おうという心づもりでいたそうです。ところが、日本の公立学校では、日の丸掲揚、君が代斉唱の強制がされるようになり、とうとう一九九九年には国旗国歌法が成立してしまったため、「そんな日本学校に娘を行かせたら、今ある在日朝鮮人としての幼い自覚さえも摘み取られてしまうのではという危機感が大きくなった」と話してくれました。

互いの考えは、日本学校よりも朝鮮学校という方向でほぼ一致していましたが、いくつかの懸念がありました。朝鮮学校は、学費もかかること。情勢が動くたびに、朝鮮学校生徒、特に女子中高生に対する暴力的被害が絶えないこと。それらが、いま一歩、朝鮮学校を選択できない理由でした。

そんなとき、近所の朝鮮学校から学校見学案内の連絡が来ました。実際に学校を訪れることができるのは、知り合いに朝鮮学校関係者がいない私たち夫婦には、願ってもないことでした。

さっそく娘と三人で訪れた学校では、校長先生が出迎えて下さり、校内を見学した後、「なんでも聞いてください」と、落ち着いて話ができる時間も設けてくださいました。私たちは、正直に心配な事がらについて伝え、校長先生は、それらについて丁寧に答えてくださいました。義務教育が認定されていないことへの対応や、情勢で子どもたちへの危険が危惧されるときは、下校の際、責任をもって家まで送り届ける臨時体制をとっていること。また、「学費は、日本の学校にいくことと比べれば、正直大変かもしれませんが、朝鮮学校で学ぶことは、同胞の友だちができて、民族の文化と言葉を学び、自分に誇りを持てる子に育ちます。それは何ごとにも代えがたいことだと思います」と、熱心に語られた言葉が、とても心に残りました。

一緒に見に行った娘は、私たち夫婦が校長先生と話をしている間、一年生を担当する先生が相手をしてくださいました。帰宅して娘に聞きました。

「あの学校見てみて、どうだった？」
「楽しかった！　私、あの学校にいくの？」
「あの学校だったらうれしい？」
「うん！　うれしい！」

そう無邪気に答える娘に、幼いころ朝鮮学校に愛着を感じた自分が重なりました。

もう、迷いはありませんでした。「やはり娘には、私たちが経験した、自分が何者か自覚できない苦い思いはさせたくない」という思いが、「自分が朝鮮人であることを肯定的に自覚できる気持ちを育む朝鮮学校に通うことが最善だ」という結論を出したのです。

私たちの親からは、当然のごとく反対されましたが、決して揺るぎませんでした。これまで何をするにしても親に反対され続けた経験から、朝鮮学校を選択した理由を話しても、理解しようとしてくれないだろう。これまでもそうであったように。そう思って、多くを語りませんでした。それでも、いつかは解ってくれる時がくることを、心では願っています。

「愛」

◆娘の思い：今までで一番うれしかったこと◆

入学した娘には同胞の友だちができて、学校生活が楽しそうでした。朝鮮学校のカリキュラムは、日本学校よりも、民族の言葉、歴史、文化を学ぶ分だけ授業時間が多くなります。また、クラブ活動がとても盛んで、ほとんどの生徒がクラブ活動に参加しています。体力的に大変ではないかと心配になるときもありましたが、娘は、充実した学校生活を送っているようにみえました。また、朝鮮学校は、義務教育認定されず財政支援がないため、先生や保護者をはじめとする多くの在日朝鮮人たちが、工夫を凝らして支援活動を行っており、その姿をみることも、学校への愛情・愛着を深めることにつながったようでした。

「同胞社会の　温かさをくれた　わたしたちのゆりかご」

それでも、親がいくら良かれと思って入学させた学校でも、娘自身が「通い続けたい」と思わなければ、何の意味もありません。学校を卒業した後に「親が言うから仕方なく通った」と思うような押し付けはしたくありませんでした。ですから、中学、高校、大学と、進学のたびに、娘自身が進路を考え選択する機会を持ってきました。

初級部から中級部に上がるとき、「初中級一緒の学校だからと、何も考えず中級部に進むのではなく、日本学校にいくことを選ぶこともできる。友達がいるからではなく、自分にとって何が良いのか考えてみて」と、娘に話しました。まだ幼さが残る初級部六年生の娘は、少々面食らったようでした。当たり前に、そのまま中級部に進むと思っていたと思いますから、驚くのも無理はありません。でも、幼いなりに考えてほしかったのです。かといって、子どもがすべてわかって選択できるわけがありませんし、一度決めたら後戻りできないという脅迫観念を与えることはしたくありませんでしたので、「もしも日本学校に行っても、その後に、朝鮮学校に戻る選択もある」と、伝えてあげました。高校、そして大学に進むときも、同じように問いかけました。

我が家にとって、子どもが朝鮮学校に通うことは、「あたりまえ」ではなく、夫婦互いの親、親戚から反発がありましたが、そのことを改めて子どもに話したことはありませんでした。しかし、運動会、学芸会、その他の行事には、ほとんどの友だちのところには、祖父母や親戚が集まるのに、我が家といえば、私たち夫婦以外だれも来ないのですから、親が語らずとも、おのずと判っていったのだと思います。それでも、娘は進学のたびに「もっとハッキョで学びたい」、「民族教育を学べるのは朝鮮学校だけだから」と、朝鮮学校を選択し続けてきました。

そのような中で、高校生に入学したての初めての授業参観で、とてもうれしい事がありました。教室の壁には、先生が生徒たちに「生まれてから今までで一番うれしかったことは？」と質問したことへの答えが掲示されていました。娘はいったい何と書いているんだろうと、探し当てたその内容をみて驚きました。「東京朝鮮第四初中級学校に通ったことが一番うれしかった」と書いてあったのです。親の一方的な思いではなかった。娘も朝鮮学校で学んだことを心から喜んでいた。そう思うと、うれしくて目頭が熱くなりました。

◆朝鮮学校とは◆

こうして、振り返ってみると、「わが子を朝鮮学校に通わせたのは、必然だったのかもしれない」そんな思いに駆られます。在日朝鮮人は、この日本社会のどの場所にいても、「差別」という苦悩から逃げることは出来ません。であるならば、その苦悩に、日本学校の中にいて一人で立ち向かうよりも、朝鮮学校で友人たちと立ち向かうことのほうが、どれだけ心強いのかは語るまでもないと思うのです。少なくとも私は、自らの経験をもって、そう断言します。

映画『ウリハッキョ』を制作した金明俊監督の言葉が思い出されます。

「朝鮮学校が完璧な教育機関とは誰もいいません。しかし、子どもたちに、朝鮮学校は自分が誰であるかを教えて、この地で朝鮮人として生きていく方法をおしえる、ただひとつの学校です。これは、日本学校が絶対にできないことです」

分断祖国、南の地から、こんなにも朝鮮学校に、そして在日朝鮮人に理解を示してくれる人がいるという驚きと事実は、私に、「出会えばわかる。理解しあうことができるんだ」という、大きな希望を感じさせてくれました。

思えば朝鮮学校は、入学にあたり、国籍を問うことは一度もありませんでした。

国籍はなんであれ、親のどちらかでも民族のルーツを持っていれば、民族教育を学ぶことを望むのであれば、ありのまま受け入れてくれる。それが朝鮮学校です。

別名「ウリハッキョ（わたしたちの学校）」と呼ばれる朝鮮学校。まさに、その名にふさわしい「ウリ」の学校です。

朝鮮学校の中には、在日朝鮮人を苦しめる分断線はありません。

在日朝鮮人にとって、かけがえのない学びの場、それが朝鮮学校です。

4　在日朝鮮人と統一――二つの固定観念についての断章

金鎮煥（キム・ジナン）一九七三年生
建国大学校統一文学研究団HK研究教授

相手に対する「固定観念」は、相手方との関係の発展の妨げになる。韓国人と在日朝鮮人の関係も同じである。韓国人が在日朝鮮人に対して抱いている固定観念も、やはりお互いの関係発展の妨げになり得る。例えば、韓国人の中には、在日朝鮮人にこれまで傷を負わせ、今も傷つけているのは日本であって、韓国ではないと考える人々が多い。韓国人と在日朝鮮人は皆、日本人から傷つけられた被害者であって、「韓国人＝加害者」、「在日朝鮮人＝被害者」という等式は成立しないと考えているのである。果たしてそうであろうか？

◆韓国も加害者である◆

一九九九年秋、私は在日朝鮮人と初めて出会った。当時、大学院生だった私は、先輩の研究者と共に出所した「非転向長期囚」のインタビューをしていた。この作業は、朝鮮戦争期のパルチザンや、戦後に北側から差し向けられた工作員など、多様な履歴を持った非転向長期囚のインタビューを通して、その間に知られてこなかった歴史的事実（特に監獄で起こった事実）を明らかにすると同時に、南北対決が、ひとりの人生をどのように傷つけたのかを確認する作業であった。言い換えるならば、非転向長期囚のインタビューは、非転向長期囚に対する韓国社会の固定観念、すなわち韓国社会に傷を負わせた「加害者」だという一面的認識から脱し、彼らもやはり歴史の激動に翻弄された「被害者」

であり得るということを見せる、一種の「固定観念の打破」だった。一九九九年の秋、この作業を後援してくれた方たちと、作業を続けていた研究者がひとところに集まる機会があったのだが、まさにその場で、後援会を率いてきた徐勝（ソ・スン）に出会った。

よく知られているように徐勝は、朴正煕（パク・チョンヒ）政府の国軍保安司令部が、一九七一年四月の大統領選挙を一週間後に控えた有権者の安全保障上の不安感を刺激するためにでっち上げた「在日韓国人スパイ団事件」の「被害者」である。それゆえに、私は在日朝鮮人との初めての出会いから、韓国人が在日朝鮮人に負わせた傷を確認することになったのである。徐勝は国軍保安司令部からひどい拷問を受けると、軽油やストーブ用の油を浴びて焼身自殺を図った。その日に私が見た徐勝の火傷の傷跡は、韓国人と在日朝鮮人の「加害者－被害者」関係を立証する「物理的証拠」として私の心に克明に刻まれた。

在日朝鮮人との二度目の出会いは、それから一一年もの月日が経った二〇一〇年の秋のことだった。二〇〇〇年の南北首脳会談後の数年間の南北和解の雰囲気、韓流ブームなどに後押しされ、在日朝鮮人の韓国訪問や移住が過去に比べて大きく増えた。その気があれば、在日朝鮮人と会う機会を多く持つことができたということである。しかし、この長い時間の間、私の関心は一九九〇年代の北側の体制危機を理解することにもっぱら向けられていた。「統一」を生涯の目標として掲げた以上は、北側に対する理解が最優先であるべきだと考えたし、ゆえに博士学位論文の主題も北側の体制危機の解明に定めたのである。二〇〇八年にこの主題で博士学位を取得し、二〇一〇年の春から建国大学校統一文学研究団で働きながら、恥ずかしながらその時になってやっと、私の視野は朝鮮半島の外にまで広がった。

ちょうど統一文学研究団では、「分断のトラウマと治癒」というテーマで学術大会を二〇一〇年一二月に開催する予定で準備を進めており、この過程において、私には分断のトラウマの「証言者」をインタビューする仕事が任された。この仕事を任された瞬間、私の頭の中には、いま朝鮮半島で生きる人々だけが分断による苦痛を受けたわけではないという考えが浮かび、そうしてみると自然に彼の姿が思い起こされた。『少年の涙』を含め、徐京植（ソ・キョンシク）の著書のいたるところに、朴正熙政府が彼の二人の兄、徐勝、徐俊植（ソ・ジュンシク）を檻に閉じ込めたことで彼と家族が受けた苦痛の記憶が込められていた。私の考えでは、彼こそが、分断による苦痛が朝鮮半島の人々だけの問題ではないという点を、まさに朝鮮半島の人々に教えるための適任者だった。

私は二〇一〇年の秋に、ソウルで徐京植と会い、学術大会の趣旨を詳しく説明した。それから二か月後に開かれた学術大会で、彼は在日朝鮮人の苦痛が、過去のことではなく現存する問題であることを、次のような言葉で教えてくれた。「在日朝鮮人が苦痛を受けているのは、過去に起因する〈トラウマ〉のみではない。在日朝鮮人は現在進行形の継続する植民地主義と祖国分断という現実によって苦痛を受けている」。何よりも彼は、「在日特権を許さない市民の会（在特会）」が京都朝鮮第一初級学校に押しかけ、「北のスパイの朝鮮学校は日本から出て行け！」などと脅迫した事件と、自身が率いる韓国研修旅行への参加を積極的に希望した学生の韓国入国が、「朝鮮籍」という理由によって許可されなかった顛末を共に聞かせてくれたことで、「日本の加害」のみならず「韓国の加害」もまた省みるようにしてくれた。

この日、徐京植が言ったように、そして徐勝、徐俊植兄弟の苦難が象徴的に証明するように、在日朝鮮人に対する韓国政府の加害は、南北分断と南北対決という朝鮮半島の現実と切り離して語ることはできない。朴正煕政府は、棄民政策で一貫した李承晩（イ・スンマン）政府と違い、積極的に在日朝鮮人社会に介入した。問題は、朴正煕政府の在日朝鮮人政策が、日本での在日朝鮮人の処遇を改善し、在日朝鮮人が南北を自由に往き来できるようにする方向ではなく、完全に北側との体制競争、政権維持の次元でのみ推進したという事実である。朴正煕政府が、南北対決と政権維持に在日朝鮮人を活用した事例、言い換えるならば、朴正煕政府による在日朝鮮人への加害事例としては、二つの代表的なものを挙げることができる。

第一に、朴正煕政府はいわゆる「朝鮮総連系在日同胞」の母国訪問、在日朝鮮人「永住帰国」誘導などを通じて在日朝鮮人社会の「分裂」を図り、北側との体制競争において優位に立ったことを誇示しようとした。「朝鮮総連系在日同胞」の初永住帰国事例を報道した以下の記事内容は、このような朴正煕政府の意図をよく表している。

昨年の秋夕以降に母国を訪れた七〇〇〇余名の朝鮮総連系在日同胞の中で、初めての永住帰国者が現れた。チン・ミョンスク氏（七五歳・群馬県）と日本人夫人助川富氏（五五歳）夫婦は、朝鮮総連にだまされてきた過去を清算して故国で永住するために、三一日に大韓航空機便で金浦に到着し、家族の懐に抱かれた。チン氏は一九歳の時に渡日、助川夫人と結婚した後に朝鮮総連系の遊技場で景品管理をしていた朝鮮総連の熱烈な幹部だった。しかし、チン氏夫婦は、去る四月に故国を訪問し、発展したその姿が朝鮮総連の宣伝とは非常に違っており、帰国を決心したところ、渡日する前に生まれたチン・ジョンウン氏（四四歳・米穀商、大邱市七星洞二区一二九一）など息子たちが「故国でともに生きよう」と懇願し、永住帰国することになったのである。

（『東亜日報』一九七六年七月三一日／「母国訪問した朝鮮総連系僑胞の中で老夫婦が初永住帰国」）

第二に、朴正煕政府は、独裁政権に対する批判を押さえ込む手段として、在日朝鮮人スパイ事件を活用した。朴正煕政府は、一九七一年四月の徐勝・徐俊植事件を皮切りに、崔昌一（チェ・チャンイル）事件（一九七三・五）、高秉沢（コ・ビョンテク）、金榮作（キム・ヨンジャク）事件（一九七四・四）、金勝孝（キム・スンヒョ）事件（一九七四・六）、陳斗鉉（チン・ドゥヒョン）事件（一九七四・一二）、金達男（キム・タルナム）事件（一九七五・四）、別名「11・22事件」と呼ばれた母国留学生スパイ事件（一九七五・一一）、柳英数（ユ・ヨンス）、柳成三（ユ・ソンサム）、金整司（キム・ジョンサ）事件（一九七七・四）などを続けてでっち上げた。

朴正煕政府の後を継いだ全斗煥（チョン・ドゥファン）政府も、やはり孫裕炯（ソン・ユヒョン）事件（一九八一・六）、李憲治（イ・ホンチ）、李珠光（イ・ジュグァン）事件（一九八一・一〇）、金泰洪（キム・テホン）事件（一九八一・一〇）、陳利則（チン・イチク）事件（一九八一・一二）、朴栄植（パク・ヨンシク）事件（一九八二・五）、李宗樹（イ・ジョンス）事件（一九八二・一二）、朴博（パク・パク）、徐聖壽（ソ・ソンス）事件（一九八三・一〇）、許哲中（ホ・チョルジュン）、尹正憲（ユン・チョンホン）、趙一之（チョ・イルチ）、趙伸治（チョ・シンチ）事件（一九八四・一〇）などをでっち上げ、国民の安保不安をかきたてた。一九八四年一〇月に在日朝鮮人スパイ事件を発表した全斗煥政府の声がどれだけ殺伐としていたか、全斗煥政府が、このような事件の発表を通じて狙った政治的効果がどのようなものだったかは、次の記事を読めば知ることができる。

「一方、保安司令部は『北傀が最近、八六年の「アジア競技大会」、八八年のオリンピックを妨害阻止するために対南挑発をいっそう激化させており、在日僑胞二世学生を巧妙に抱きこみ、国内に浸透させて学園騒動を誘発させ、国家および軍事機密を探らせたと思えば、拉北漁夫を洗脳してスパイとして帰還させるなど、反民族的罪悪を行っている』と明らかにした」(『東亜日報』一九八四年一〇月一三日／「保安司、スパイ六個網、六名検挙」)

「在日韓国人政治犯を救援する家族・僑胞の会」によれば、一九九三年七月現在で「在日韓国人政治犯」の数は一六〇名に達し、そのうち留学生の数は四〇余名と推定された。彼らは拷問の末、日本に捨てられるように送還され、精神錯乱を来たして死亡したり、拷問を受けて無実の人間の名前を告白したという罪悪感を一生抱いて生きていくなど、韓国政府によって無数の人権侵害を受けた。一方、盧泰愚政府は徐聖壽(ソ・ソンス)、陳斗鉉(チン・ドゥヒョン)など八名を、大統領訪日を控えて仮釈放することで(一九九〇・五・二一)、彼らの人権を政治的に活用する姿まで見せてくれた。民主政府を自認する金泳三政府も、史上最大の赦免を断行しながら(一九九三・三・六)、在日朝鮮人政治犯をそのまま獄中に閉じ込めていた。韓国社会が一九八七年六月に民衆闘争によって民主化した後も、スパイの濡れ衣を着せられた在日朝鮮人の苦痛は続いたのである。

◆現存する苦痛◆

南北対決が激しかった過去に比べて強度が低くはなったが、韓国政府の在日朝鮮人に対する加害は、現在も「朝鮮籍在日朝鮮人」に「親北」というイデオロギー的烙印を押し、彼らがディアスポラとして生まれながらに持つ「移動権」、「帰還権」を妨害する形で継続している。

二〇一一年三月一〇～一三日、私は東京に滞在し、在日朝鮮人の価値観、情緒、生活文化などを調査するための準備作業をしていた。その年の夏から、日本で在日朝鮮人を対象とした質問調査を行なってくれるパートナーと交渉することが主な目的だったが、思いがけず「東日本大震災」と「福島原子力発電所爆発」という大きな事件を直接体験もした。東京に滞在している間、一人の在日朝鮮人大学生が同行して色々と便宜を図ってくれたが、大地震で電車の運行が中断した一一日の晩、宿所まで二時間以上も歩きながら、彼は私に数年前の南北関係が良好だった時期に行った韓国の記憶、その時に交際した友人たちと今では会うことができない辛さについて話してくれた。彼は、朝鮮籍の在日朝鮮人である。二〇一二年一一月、やはり東京で夜遅くまで酒盃を傾けながら父母の故郷と慶州に必ず行ってみたいと話していた一人の在日朝鮮人教授は、羽田空港で別れる時に離別の悲しみをこらえて目頭を赤くしていた。彼と私が韓国で再び会って酒盃を傾ける可能性は、当時も今もほとんどない。彼も朝鮮籍在日朝鮮人である。

一九八〇年代までは、いくつかの特別の場合を除いて、朝鮮籍在日朝鮮人の韓国入国は不可能だった。それが一九九〇年代に入って、朝鮮籍在日朝鮮人が「旅行証明書」の発給を受けて、短期間ではあるが韓国を往来する道が開けることになった。私と東京で同行した学生もまた、この制度のおかげで韓国を訪れることができた。しかし、南北関係が著しく悪化した二〇〇九年から、朝鮮籍在日朝鮮人の旅行証明書発給の拒否件数が急増―二〇〇六年は八件、二〇〇七年は〇件、二〇〇八年は七件に過ぎなかったのが、二〇〇九年には二七九件（一四九七件申請、一二一八件発給）―したが、二〇一〇年の「天安艦事件」以降は、旅行証明書の発給はほとんど行われていない。一方、二〇一三年一二月、韓国大法院は、朝鮮籍在日朝鮮人である鄭栄桓（チョン・ヨンファン）氏が韓国政府を相手取って起こした「旅行証明書発給拒否処分取り消し訴訟」の上告審で、鄭栄桓氏の請求を棄却した二審の判決を確定した。政府の在日朝鮮人「選別入国」政策に、大法院が手を貸したのである。

韓国政府が、このように朝鮮籍在日朝鮮人の入国を妨害する背景には、「朝鮮籍＝総連系＝親北」というイデオロギー的偏見がある。このような偏見は、最近のように南北関係が悪化したときにより強く働く。「朝鮮籍」が民族を現すただの記号であり、朝鮮籍在日朝鮮人が必ず「在日本朝鮮人総聯合会（総連）組織員」や「朝鮮民主主義人民共和国公民」であるわけではないという声は、韓国政府と保守言論が積み上げた「偏見の障壁」に阻まれて韓国人にはほとんど届かない。

また、韓国政府と保守言論は、在日朝鮮人社会が長い間ともに作り育て上げてきた「朝鮮学校」にも「親北学校」というイデオロギー的な枷《かせ》をはめた当事者である。朝鮮学校の在学生の中で、韓国籍在日朝鮮人が朝鮮籍在日朝鮮人よりも多くなっている実情にもかかわらず、依然として韓国政府と保守言論は、朝鮮学校に対する偏見を改めようとしない。そればかりか、日本では、韓国領事館の職員が朝鮮学校支援活動を妨害する事件まで起きた。もし韓国政府が、過去の軍事独裁政権時代にはめた「朝鮮学校＝親北学校」というイデオロギー的な枷を、今からでも外すために努力したならば、日本政府があのように自信を持って、高校無償化の対象から朝鮮学校を除外し、日本の右翼が時も場所もわきまえず、朝鮮学校に押しかけて「北のスパイ、朝鮮学校は日本から出て行け！」と脅迫することができただろうか？

韓国の憲法裁判所が、二〇〇七年六月に在外国民の参政権を認定しなければならないと立場を変えて決定した時にも——この頃は南北関係が良好な方だった——「朝鮮籍＝総連系＝親北」という偏見はそのまま働いていた。当時の憲法裁判所が明らかにした決定の要旨は、こうであった。「在外国民に選挙権行使を認定するとしても、われわれの特殊な状況下では、北韓住民や朝鮮総連系在日同胞の選挙権行使に対する制限は許容される場合があり、在外国民登録制度および在外国民国内居所申告制度を活用して、彼らが選挙権を行使する危険性を予防することは選挙技術上不可能ではなく、在外国民は北韓住民や朝鮮総連系在日同胞とは違い、わが国の旅券を所持しており両者の区分は可能である。よって、北韓住民や朝鮮総連系在日同胞が選挙に影響を与えるかもしれないという抽象的危険性だけで、在外国民の選挙権行使を全面的に否定することは正当化できない。」（強調筆者）

つまり憲法裁判所は、「朝鮮総連系在日同胞」、すなわち韓国の旅券を所持しない「朝鮮籍在日朝鮮人」の選挙権行使を「危険な行為」と見ているのである。反対に韓国の旅券を所持する「韓国籍在日朝鮮人」の選挙権行使はより以上に危険な行為であるとは見なさないのだろうか？　そうであるなら、過去の軍事独裁政権が持続的にスパイの濡れ衣を着せて苦しめてきた韓国籍在日朝鮮人は、もはや心配しないでもいいのだろうか？　再び韓国政府が苦しめるのならば、自身を「危険な存在」と見ない憲法裁判所の決定を盾にすることができるだろうか？　私の答えはＮＯである。韓国籍在日朝鮮人が安心するのはまだ早いだろう。なぜなら、かつての韓国政府の在日朝鮮人加害行為を「正当化」し、現在も「正当化」している南北対決が温存されているためである。在日朝鮮人は南北対決が続く限り、彼が韓国籍であっても朝鮮籍であっても関係なく、どこでも南北対決の犠牲になる可能性がある。

◆統一の倫理性と在日朝鮮人◆

まさにこの視点において、大多数の韓国人は、在日朝鮮人に対して抱いているもう一つの「固定観念」に対して考えなければならない。大多数の韓国人は、統一を三八度線以南の国家（大韓民国）と以北の国家（朝鮮民主主義人民共和国）が一つになること、それがすなわち「南北統一」と思っている。また、南北統一によって経済的繁栄が達成できるという夢もしばしば描かれる。同じ文脈において、韓国人は在日朝鮮人を統一の「主体」と見るよりも、統一した朝鮮半島がいろいろと助けるべき対象、または統一の「受益者」側であると思っている。

「南北統一は富国強兵の近道」という統一論が韓国社会を支配するようになったのには、それだけの理由が確かにある。一九九七年のいわゆる「ＩＭＦ事態」を経て、韓国経済の構造的問題点と限界が露呈し、金大中（キム・デジュン）・盧武鉉（ノ・ムヒョン）政府時代に南北協力が主に経済領域で成果を挙げたことで、南北統一が「経済的活路」になるという筋立ての統一論が、韓国社会の支配的統一論として台頭したのである。このような経済中心的統一論は、経済的困難に直面している韓国人の統一願望を呼び起こす時には明らかな効果があった。しかし、実際の統一過程において、期待された経済的利益が南北の全国民に体感されなかったり、韓国人が背負うべき経済的負担や南北間の経済格差が広がり続けたりする場合に、統一に対する疑義が急速に広がりうるという問題点も看過することはできない。未熟で危険な予測かもしれないが、南北統一が経済的に「バラ色に光る未来」を保障することができなかった場合、統一朝鮮半島において南北対決が再現される可能性もある、と私は考える。

幸いなことに、最近の韓国社会では、統一がもたらすかもしれない漠然とした経済的利益を、統一の最も大きな理由として見なすのではなく、自身と相手が直面している苦痛の減少・除去という倫理的課題の解決という次元で統一を考えようという主張が、少しずつ支持を受けるようになっている。ひと言でいって、「倫理的統一論」とは、統一過程において、自身と相手が背負うべき経済的負担が大きくなったとしても、同じ民族が南北分断と対決によって受けた傷を癒し、これ以上の苦痛を受けることがないように、必ず統一しなければいけないという主張である。

また、倫理的な統一論は、統一を単純に三八度の南北の国家が一つになる状態とみなさない。それよりは、同じ民族が自由な交流を通じて、南北分断と対決による傷と苦難を確認し、そこから傷と苦難を生み出すさまざまな条件が除去されていく過程が統一であると考える。南北が一つの国家を作ったとしても、互いに対する敵対感、差異を尊重しない態度、経済的弱者に対する蔑視などが残っているならば、未だ統一は完成していないといえる。

このように、倫理的次元において統一を展望する場合、在日朝鮮人は統一の受動的な受益者ではなく、堂々とした能動的な「主体」として位置づけられる。これまで詳しく述べてきたように、在日朝鮮人こそが、日本の植民地支配だけでなく、解放後の南北対決が招いた苦難を、日本と韓国において全身で体験したのであり、今も絶え間なく傷つけられているからである。苦難の日々を経た全ての在日朝鮮人の経験と証言は、統一の倫理性を高める上で外すことのできない重要な要素となるはずである。

また、倫理的次元において統一を展望する場合、韓国政府が今すぐ在日朝鮮人に対してすべきことは、単純な物質的支援ではないと言うことができる。それよりも在日朝鮮人に傷を負わせた過去史を心から謝罪し、今日、とくに朝鮮籍在日朝鮮人にはめているイデオロギー的な枷を外すための努力をし、在日朝鮮人の自由な移動権、帰還権を保障することなどが、韓国政府が至急履行するべき「倫理的義務」である。例えば、韓国政府が朝鮮学校に対するイデオロギー的偏見を率先してなくし、日本政府と日本右翼の弾圧から朝鮮学校を断固として守るならば、統一が同じ民族の全てにとって幸福で望ましい未来となる可能性はいっそう高まることであろうと、私は確信する。

5　モンダンヨンピルと朝鮮学校

権海孝（クォン・ヘヒョ）一九六五年生
映画俳優、モンダンヨンピル代表

二〇一四年七月六日、日本、四国。

雨が降る午後、四国朝鮮初中級学校玄関。雨を避ける場所さえ足りないここに、百余名の人々が立っています。

限られた時間の学校訪問を終えて、韓国に発とうとするモンダンヨンピル〔ちびた鉛筆〕訪問団と、彼らを見送るために先生や父母、そしてきれいな目の学生たちは雨に濡れて立っています。

別れるのが惜しくて、握った手を離すことができず、「우리의《ウリエ》 소원《ソウォン》（私たちの願い）」を歌っています。

直ちにその瞬間、私は一二年前の朝鮮学校との初めての出会いを思い出しました。

◆初めての出会い◆

二〇〇二年一〇月、金剛山。

国民の政府〔訳注：金大中政権〕最後の年の秋、大統領選挙を控えて揺れ動く政治状況の中でも、順調に釜山アジア競技大会が進行し、北側応援団の一挙手一投足は連日新聞とニュースのトップを占めていました。

まだ「6・15宣言」の幸福の瞬間の記憶が鮮明だった時期。その一〇月、金剛山では6・15共同宣言実践のための南北海外青年学生統一大会が開かれました。

過去数十年、分断された祖国の現実を痛く感じ、統一を夢見てきた若者たちが一ヶ所に集まりました。

ここで初めて彼らに会いました。在日朝鮮学校、朝鮮大学校の青年たちに会いました。

三〇余名の朝鮮学校学生たちは大会に参加した千余名の南と北の青年たちの間で、いつも目にする存在でした。チマチョゴリがそうであったし、在日同胞特有のその抑揚がそうでありました。また南と北の青年たちの間を往き来しながら、一瞬間も逃がさないように、休むことなく耳を傾けて対話した彼らの姿が、私が記憶する初めての姿です。

三日間、南と北そして海外から来た青年たちは共に討論し、時にはともに走って、ともに歌いました。そして別れの日、南と北の青年たちは、いつか私たちはまた会うことができるだろうという希望で「次は平壌で会おう」、「ソウルで会おう」と笑いながら別れの挨拶を交わしました。

まさにその時、バスの窓をたたいて号泣する青年たちがいました。朝鮮学校の学生たち。泣きながら大声を張り上げました。「お兄さん、また会います」、「兄さん、私たちを忘れないでいて下さい」。

彼らの姿を見ながら、しばらく忘れていた私たちの分断の現実を、再び感じることになりました。そして日本で生まれ育ったこの青年たちにとって、分断は何であり、この三日の時間はどんな意味があるのかを考えました。

「日本の地に生まれ住んでいるけど、君は朝鮮人であるから朝鮮学校に行かなければならない」という両親の言葉で行かなければならなかったウリハッキョ。一年一年を送りながら、朝鮮語より難しいことは、まさに「私は誰か」という問いだったと言います。自身のアイデンティティの悩みの中で育ってきたこの青年たちにとって、金剛山での一日一日は、朝鮮学校に通う誇りと自負心でぎっしり埋まった時間だったでしょう。

四方を振り返っても、姉さん、兄さん、兄弟であり、皆がウリマルで統一を話す夢のような時間だったことでしょう。そしてお別れの時間、南と北の青年たちは平壌にソウルに帰ります。朝鮮学校の青年たちに、この時間は忘れていた質問を思い出させる瞬間です。「私は誰か、私が帰らなければならない所はどこなのか」。

推し量って推察するだけで、その青年たちが流した涙の意味と痛みは分かりませんでした。そのように別れて、金剛山から戻った後、朝鮮学校の学生たちの姿は、永らく忘れませんでした。分断の歴史に彼らの位置を考えてみました。

◆再び会った朝鮮学校とモンダンヨンピル◆

二〇〇五年秋、大阪・鶴橋、韓国人市場。友人と飲んだ昼酒でほろ酔い気分になりました。酒気にまかせて、市場通りを歩きました。友人はともに歩きながら、この市場の路地にからんだ同胞社会のつらい歴史を聞かせてくれました。聞きながらも信じられない歳月でした。酔いがさらにますようでした。

友人は近いところに朝鮮学校があると言いました。「朝鮮学校」という声に突然胸がどきどきしました。友人を前面に立て、何も考えずに朝鮮学校へ向かいました。振り返って考えてみれば二〇〇二年金剛山で会ったその瞬間から、私は朝鮮学校に魅了されていました。

何の考えもなく訪ねたのは「大阪朝鮮第四初級学校」。日曜日の午後、校門は閉ざされ、小さい校庭はガランと空いていました。古い校舎は小さい路地を境に向かい合っている日本学校のためでしょうか、より一層みすぼらしく見えました。しばらくぼうぜんと校門のすき間から学校をながめていました。

そして三年前金剛山で出会った、忘れていた朝鮮大学校の青年たちを思い出しました。もしかしたら、彼らの中の誰かはこの市場の路地を走って、学校に通ったのかも。そのような考えと同時に鶴橋市場の隅々が新しく見えました。校門は閉じられていましたが、私は校庭に立っていました。

そのようにして、再び朝鮮学校と出会うことになりました。

二〇〇四年、日本に巻き起こった韓流ドラマブームのおかげで、日本訪問の機会が増えました。二〇〇五年以後、いつからか日本訪問はドラマ関連行事より、同胞社会と朝鮮学校との出会いに変わっていきました。その過程で、朝鮮学校の価値と美しさに魅了され、すでにかなり以前から交流し、支援の方案を苦心してきた韓国のさまざまな団体・個人と知り合うことになりました。その方たちの助けと教えを通して、同胞社会の歴史を尊重するということが何であるかを知ることができました。二〇〇六年から本格的に始めた私の朝鮮学校訪問は、いつも感動と学びの時間でした。

解放以後、学校をたて、差別と弾圧の中で学校を守った話や、日本の地でも続く南北対決のつらい歴史は、決して学校で習うことができない、清算されない戦争と分断の歴史です。こうした学びは、私たちが忘れて生きてきた大切な価値を呼び覚まします。朝鮮学校は方向をなくした、あるいはただ弱肉強食の方向に向かう私たち韓国の教育の現実において、「学校とは何か」という根本的な問いを投げかけます。

2011年東日本大地震を通して結成されたモンダンヨンピルは、１年の間に12回の連続コンサートと何度かの大規模遠足コンサートを通して、約２億７千万ウォンを地震被害朝鮮学校に寄付した

◆朝鮮学校と共にする人々「モンダンヨンピル」◆

「朝鮮学校と共にする人々〈モンダンヨンピル〉」は、二〇一一年三月一一日、東日本を襲った大地震と大津波の被害を直接こうむった朝鮮学校を支援するために立ち上げられました。当時、日本の東北地域の甚大な被害状況は毎日リアルタイムで中継され、政府とマスメディアは救援基金の募金活動を促しました。しかし、同胞社会の被害と、彼らのための対策や募金の話は探すことが難しかったのです。その上、募金活動の熱気も一ヶ月もたたず、日本政府の独島（竹島）関連発言とともに冷めてしまいました。その間、いくつかの朝鮮学校の被害の便りが伝えられ、朝鮮学校と関連した団体と個人たちの緊急対策の会合を開くようになりました。初めての会合では、被害地域の学校を直接支援するために市民社会による募金会を結成しよう、という意見が出ましたが、すでに大規模の市民団体と宗教団体を中心に、いくつかの募金会が結成され、活動をしている状況だったため、それは実現不可能でした。活動中である募金の中に在日朝鮮学校を連結させる方法も求めることができませんでした。

この苦しい状況は、むしろ思考の転換をもたらしました。

「今、私たちができることをしよう」

緊急の会合をともにした方々は、各自の領域で各自の方式で長い間、ウリハッキョと関係を結んできた団体と個人です。海外同胞に対する私たちの政府の責任を喚起しながら、同胞社会の連帯を通して平和の道を模索し、本の交流を通して離散の距離を埋めて未来世代の持続的な出会いを生み出すこと、また、映画と写真で朝鮮学校の美しい姿を韓国社会に伝え、時には音楽で、そして朝鮮学校に魅了されたファンの姿を通して朝鮮学校を理解し、共感できるようにしてきました。

そうすることで、ここ韓国で朝鮮学校を忘れないで応援しているという希望のメッセージを伝え、この難しい状況を韓国社会に朝鮮学校を知らせる新しい機会として捉える考えを共有しました。そしてより長いスパンで、くたびれることなく、みんなが共感できる方法を考えました。少し後に、この会合は映画『ウリハッキョ』の金明俊監督の提案で「モンダンヨンピル」と命名されました。小さくて取るに足りないと見られても、大切な、そして学校を象徴するこの名前は、皮肉にも在日同胞と日本人たちには発音が難しい言葉であり、ただ「ちびた鉛筆」として理解されています。

このようにしてモンダンヨンピル・コンサートが始まりました。一年一二回の公演として企画されたモンダンヨンピル・コンサート。初めてのコンサートから驚きの連続でした。十匙一飯―何人かが少しずつ力を合わせれば、一人分になる—の心意気で準備した費用で一二〇余席の舞台。しかし、その舞台はどんな公演にもない、特別で感動的な舞台でした。快く、才能と時間、そして心まで出した多くのアーティストと、静かに舞台裏から光と音、そして映像を準備したスタッフの献身、そしてボランティアの人たち。

モンダンヨンピル・コンサートは一二回のソウル公演だけでなく、済州、晋州、光州、大邱、仁川、高陽では「モンダンヨンピル・遠足コンサート」という大規模公演を成功させました。統一と平和を祈願する多くの市民と労働組合の支持と参加があってこそでした。なによりも六五年以上、日本の地でウリマルを守ってきた朝鮮学校の存在が、私たちみんなを動かした最も大きな力でした。

そして「東京遠足コンサート」を最後に、二〇一二年緊急支援の集いとしてのモンダンヨンピル活動を終わりにしようとしました。しかし、同胞社会と韓国の市民社会、そして朝鮮学校差別に反対する日本の良心的な市民たちは、それを惜しみました。困難の中で育まれてきたこの信頼と連帯を、持続させなければならないという声が大きかったのです。大変ではあったものの、実に幸福であった一年間の記憶を継続しなければならないということだったのかもしれません。

二〇一二年冬、モンダンヨンピルは、会員も会則も空間もなかった任意団体から、非営利民間団体として新しく出発しました。何か新しい枠組みの中で始めることは簡単ではありません。複雑で神経を使わなければならないことも増えました。したがって、もっと努力しなければなりません。楽しくて幸福なことを作らなければなりません。それが朝鮮学校とともにするモンダンヨンピルの方法であり、期待に応える方法だと確信します。そのような気持ちで臨み、モンダンヨンピルは二〇一三年の大阪公演と、二〇一四年の広島公演を同胞社会と日本市民の連帯の中で成功裏に終えることができま

モンダンヨンピル・遠足コンサートin広島の最後の舞台。遠足コンサートは、いまや朝鮮学校と在日同胞、日本人、そしてモンダンヨンピルがともに作っていく平和と統一の舞台として広がりつつある

した。

朝鮮学校とともにする人々「モンダンヨンピル」の代表という肩書を持つようになって四年になります。生まれて初めて名刺も作りました。名刺入れがカラッポになっていくのを見ながら、新たにモンダンヨンピルとしてたくさんの人と出会ってきたように思いますが、本当にたくさんの出会いに恵まれました。

私は俳優です。俳優として生きてきた二四年間、いろいろなところでそれこそ色とりどりの人々と出会いましたが、モンダンヨンピルの代表として過ごした四年間、もう少しさかのぼるなら一二年前、金剛山で朝鮮学校の青年たちと出会った時から、もう少し正確にいうのであれば、朝鮮学校の青年たちの「涙」を通して現在の韓国社会の非理性的で不条理な状況は、克服されない分断体制から始まっていると漠然と感じたその時。その時からの出会いは、特別なものです。そしてそれは、決して「お金」になる出会いではないからこそ一層大切なものなのです。

そのような出会いは、私自身によい変化をもたらしてくれているように思います。

私は、モンダンヨンピル代表として過ごして、多くの質問を受けました。「俳優がなぜ？」「朝鮮学校をなぜ？」「朝総連の学校を私たちがなぜ？」「日本政府はなぜ？」「韓国政府はなぜ？」……この質問で、朝鮮学校への私たちの社会の多様な視線を感じることができます。温かさ、残念さ、疑い、恐怖、憎しみ、ありがたさ、申し訳なさ、軽蔑、憎しみまで。この極端に違う多様な視線に、共通点を探すことができます。

すなわち、「私たちは、朝鮮学校と在日同胞についてほとんど知らない」ということです。「知っている」ということは、どこまでのことでしょうか？「知る」ということは「理解する」ことでしょうか？難しい質問です。この質問に対しては、私自身もやはり知っていることがないといわざるをえません。

なんの偏見もなく、朝鮮学校と出会うことは難しいことです。しかし、その教室にいる学生たちを見ることは可能でしょう。今日、まさにその場で出会うこととなる学生たちの姿こそが、朝鮮学校の歴史であり、未来です。

「朝鮮学校」。この言葉を聞くとき、いつも胸がジーンとします。まだその理由が分かりません。朝鮮学校のその大変だった過去と、現在の難しい状況のためだけではありません。小中高、そして大学時代まで、ただの一度も学校に対する良い記憶と自負心を持ったことがない私の欠乏感が、学校を「故郷」だという彼らに対する羨ましさを呼び起こすためかもしれません。また、幼いながら、差別と弾圧とたたかう同胞社会の求心点にならなければならないという、その重い責務に耐えつつも、実に堂々としていることへの畏敬の念が呼び起こされるためかもしれません。あるいは、競争と自分のためだ

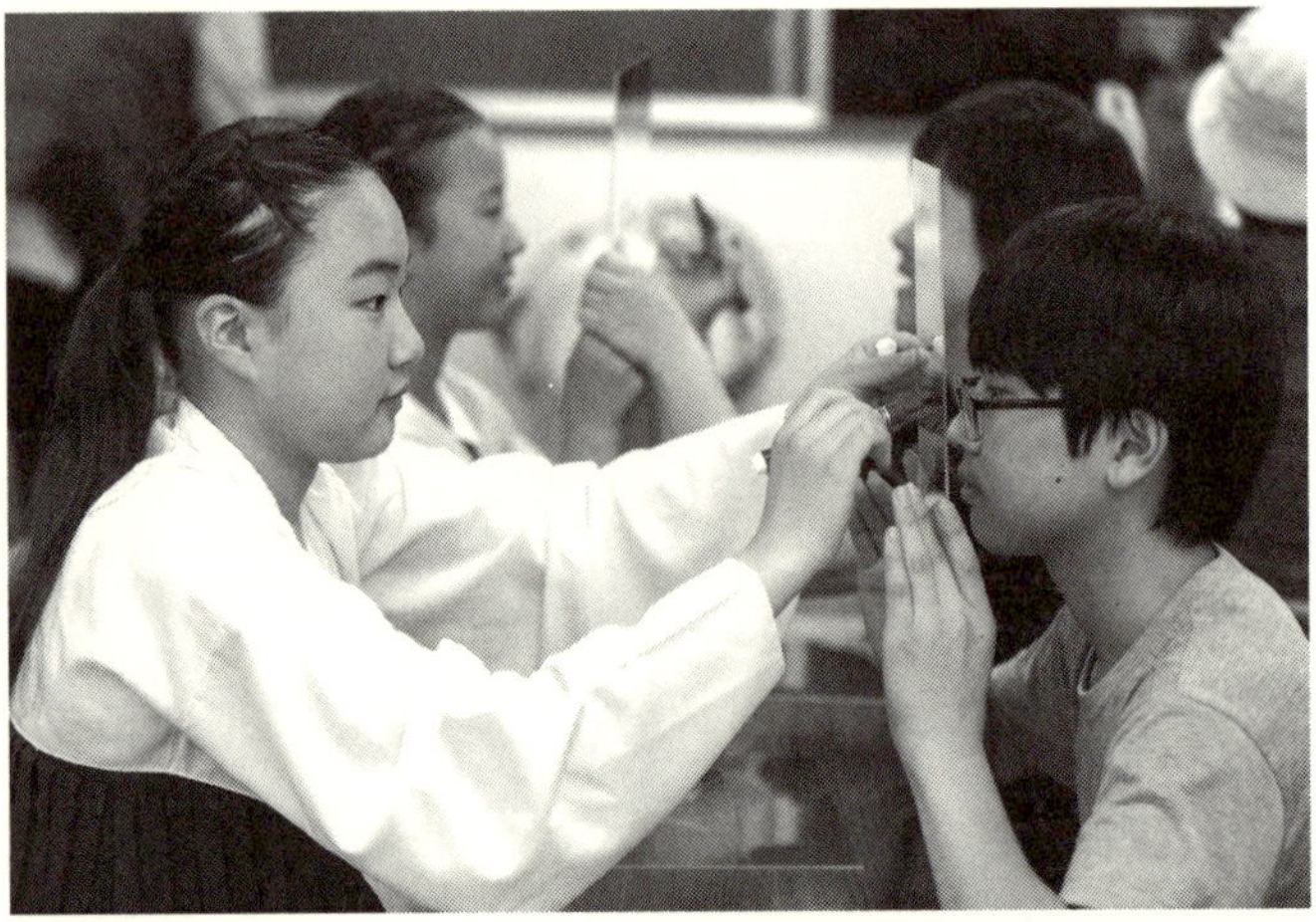

四国訪問プログラムの中の一つの「顔を描いてあげる」に参加した朝鮮学校と韓国の生徒。モンダンヨンピルの夢は、この子どもたちが分かたれず一つになる世界です

けに努力し、一度倒れれば誰も振り返らない今日の韓国の現実が、朝鮮学校の学生たちに会えば、さらに痛ましく感じられるためかもしれません。

何が私の胸を熱くさせるのかは分かりませんが、一つ確かなことは、朝鮮学校を訪れた時、「まだ世の中は生きていくに値する」と確信がもてることなのです。もしかすると、私たちはそのような「希望」を確認したくて、何度も「ウリハッキョ」の子どもたちに会いにいくのかもしれません。

この本を読む多くの方が、朝鮮学校の子どもたちを真正面から見て、心で感じ、そして私と同じように小さい「希望」を発見できるよう願います。モンダンヨンピルは、その出会いをつくる小さな橋になります。

あとがき

在日朝鮮人に対する理解は、日本においてはもちろんのこと、同じ民族である韓国社会においても決して深かったわけではなく、必然、朝鮮学校に対しても、理解があるとはいえませんでした。南北分断と戦後冷戦、日本における「北朝鮮憎悪」や在日朝鮮人に対する差別・弾圧政策といった極めて政治的な状況が、否応なくわたしたちの朝鮮学校へのまなざしを歪め、素朴なアプローチを困難にしてきました。

そのような中、いま、韓国では朝鮮学校を支援する輪が着実に広がりつつあります。モンダンヨンピルをはじめとした草の根の朝鮮学校支援活動や、韓国人映画監督による朝鮮学校を題材にした映画『ウリハッキョ』や『60万回のトライ』は、朝鮮学校のありのままの日常を知るきっかけを提供し、その姿は韓国市民の感動をよびました。

このような、南北分断を乗り越える韓国市民の着実な歩みを背景に、地球村同胞連帯（KIN・Korean International Network）のメンバーを中心として、朝鮮学校をより身近に、より手軽に知ってもらおうと企画され出版された本書（韓国版）『조선학교《チョソンハッキョ》 이야기《イヤギ》』は、二〇一四年九月の発刊以来、韓国社会で静かな反響を呼んでいます。

この反響を受けて、日本においても、本書が日本市民の朝鮮学校理解の一助になるのではないか、まして、朝鮮高校無償化裁判のただ中にある今、本書の出版は重要な意義をもつのではないかという声があがり、「『高校無償化』からの朝鮮学校排除に反対する連絡会」が日本版編集委員会を立ち上げました。

しかし、折からの出版不況、まして「反韓本」が大ヒットするような日本の状況の中、本書の出版を進めることは困難なものでした。そのような中で、なんとしても本書を出版しようという編集委員会の熱意が出版社に伝わり、ようやく出版までたどりつくことができました。

難しい出版事情の中、本書の意義をご理解くださり、日本版出版の道を開いてくださった平田勝社長をはじめとする花伝社のみなさん、本当にありがとうございました。

なにより、裵芝遠さん、趙慶喜さんをはじめとする地球村同胞連帯（KIN・Korean International Network）のメンバーならびに先人（ソニン）出版のご協力がなければこの本は完成できませんでした。この場をお借りして、日本版出版にご協力いただいたみなさまに、心からの謝意を表したいと思います。

本書に収録されている俳優の権海孝さんのエッセイでも率直に描かれていますが、朝鮮学校の存在を通して韓国社会が自らの姿を省みたように、日本社会にとっても、朝鮮学校理解を通して自らの姿を省みる貴重なきっかけになるだろうと確信しています。まさに、朝鮮学校は、見るもの自身を映す「鏡」のような存在ともいえるのではないでしょうか。

朝鮮学校を少しでも身近に感じてほしいとの、たくさんの方々の思いがこもったこの本が、みなさんの手にとられることを、そして朝鮮学校への理解を深めていくきっかけになることを、心から願っています。

「高校無償化」からの朝鮮学校排除に反対する連絡会『朝鮮学校物語』日本版編集委員会
田中宏・佐野通夫・金東鶴・中嘉美・永山聡子
柳学洙・金賢一・李洪潤・文時弘

◆朝鮮学校関連年表◆

年度	朝鮮学校関連	朝鮮半島と日本の関連情勢
1910		朝鮮、国権喪失、日帝の土地調査事業開始（～1918）
1919		3.1. 3.1 独立運動
1923		9.1. 関東大震災　朝鮮人虐殺が起こる
1924		在日朝鮮人の人口 11 万人に到達
1935		在日朝鮮人の人口 62 万人を超える
1937		日中戦争
		1939 年から 1945 年まで日本の金属鉱山に約 15 万人、石炭炭鉱に約 60 万人、土木建設工事に約 30 万人、港湾労働に約 5 万人、軍需工場に約 40 万人、総計 150 万人の朝鮮人が日本政府によって動員される
1945		8.15. 日本敗戦・朝鮮解放 10.15. 在日本朝鮮人連盟（朝連）結成 日本国内朝鮮人約 200 万人（日本人人口約 7000 万人） 解放後約 140 万人帰国、約 60 万人残留
1946	4. 全国各地の国語講習所統合改編、初等学院（小学校 3 年制）設立 9. 初等学院統合整備、6 年制全日制学校に発展 10.5. 中学校（3 年制）設立– 東京朝鮮中学校	10. 在日本朝鮮居留民団結成 朝連系学校（朝鮮学校）小学校 525 校、児童 42,182 人、教員 1,023 人、各種青年学校 12 校、学生 724 人、教員 54 人
1948	1.24. 文部省通達、「朝鮮人児童は日本学校に就学しなければならない」、26.「朝鮮人教員は適格審査を受けなければならない」 2. 末から全国的な朝鮮学校死守運動展開 3.1. 文部省、「教員 2 人以上、学生 20 人以上の教育施設は 2 ケ月内に“各種学校”認可申請をしなければ教育できない」と通達 4.24. 兵庫県庁への大規模抗議行動。県知事閉鎖令を撤回 これに対して米 8 軍が神戸基地管轄地域内に「非常事態宣言」発令、知事の撤回決定が覆される。 4.26. 大阪府庁前での学校閉鎖令撤回を要求する大集会時、警察の発砲により金太一少年が死亡 4.27. 東京で朝鮮学校校長 15 人を一斉検束、学校閉鎖 5.3. 森戸辰男文部大臣と崔瑢根朝鮮人教育対策委員会代表が「私立学校としての自主性が認められる範囲内」で「朝鮮独自の教育を実施」するという覚書に調印（5.5.） 10.4. 高等学校教育開始 – 東京朝鮮中学校に高等部（3 年制）併設	4.3. 済州島で単独選挙に反対する民衆抗争（済州島 4.3 事件） 8.15. 大韓民国樹立、民団「在日本大韓民国居留民団」に改称 9.9. 朝鮮民主主義人民共和国樹立 10.10. 第 2 次吉田内閣成立
1949	5.25. 衆議院本会議「朝鮮人学校教育費国庫負担請願」を採択 10.19 ～ 11.4. 日本政府、再び「朝鮮学校閉鎖令」で 367 校を強制閉鎖する	1.29. 韓国駐日代表部設置 2.16. 第 3 次吉田内閣成立 4.4. 団体等規正令公布 9.8. 朝連関連のすべての組織および民団の二つの組織強制解散 11.24 韓国、在外国民登録法公布
1950	4. 幼稚園教育開始 – 愛知朝鮮第 1 初等学校に幼稚園併設	6.25. 朝鮮戦争勃発

1951		1.9. 在日朝鮮統一民主戦線（民戦）結成－綱領に生活権と民族教育権確保 9.8. サンフランシスコ講和条約、日米安保条約調印 10.20. 韓日予備会談開始
1952		4.19. 法務府民事局長、講和条約発効により、朝鮮人、台湾人の日本国籍喪失を通達する。 4.28. サンフランシスコ条約発効、外国人登録法制定公布
1953	2.11. 文部省通達「朝鮮人義務教育学校への就学に関して」－日本法令遵守「誓約書」提出を条件に入学許可出すように	7.27. 朝鮮戦争休戦
1955		5.25. 民戦解散、在日朝鮮人総連合会（総連）結成
1956	4.10. 朝鮮大学校設立	
1957		4. 朝鮮政府、在日朝鮮人に対する教育援助金および奨学金送金（1 次）－ 2008.4 現在、総 154 回約 462 億円
1959		8.13. 日朝赤十字帰国協定調印 12. 第一次帰国船新潟出港－1984年まで総187回、約 9 万 3 千名帰国
1962	武装警官、茨城朝鮮中高級学校乱入－外国人登録証携帯しない学生を調べるという口実	
1965	国士舘大学生による東京朝高学生集団暴行事件頻発 12.28. 文部次官通達「（韓日）協定における教育関連事項の実施について」および「朝鮮人のみを収容する教育施設の取り扱いについて」──朝鮮学校の各種学校認可阻止、日本学校内の民族学級の閉鎖を企図	
1968	4.17. 東京都知事、朝鮮大学校を「各種学校」認可	
1975	この年を基点に､すべての朝鮮学校（161 校）が各種学校として認可される。 学校設立者の朝鮮学園（朝鮮学校が所在する都道府県に各々ある）が準学校法人として各都道府県から認可される	
1979		6. 日本、国際人権規約批准
1989	公安調査庁次長の「朝鮮学校は一貫して反日教育をしている」との発言直後、朝鮮学校生に対する暴行事件 48 件、64 人の学生被害	
1990	大阪朝鮮高級学校女子バレーボール部が大阪府大会途中「各種学校」という理由で大会出場停止処分	
1991	高野連（日本高等学校野球連盟）､「外国人学校の参加に関する特別措置」を決定、甲子園出場の道が開ける	
1993	高体連、理事会で朝鮮学校を含む各種・専修学校に対しインターハイへの参加を特例として承認	
1994	朝鮮高級学校の生徒、初めてインターハイ出場 87 年からの運動の結果、朝鮮学校児童・生徒の JR 通学定期券学割差別が是正される 4.～7. 全国的に朝鮮学校学生に対する暴行事件 160 件発生－検挙 3 件、有罪 1 件	4. 日本政府、朝鮮民主主義人民共和国の核疑惑発表

1995	日本サッカー協会、朝鮮高校の全国高校サッカー選手権への参加を正式に認定	12. 日本、人種差別撤廃条約批准
1996	8. 文部省官僚、「朝鮮人としての民族性または国民性かん養を目的にする朝鮮人学校は我が国の公益に役に立たない」発言	
1998	朝鮮学校学生に対する暴行事件 57 件以上発生－警察認知 6 件（検挙なし） 日本弁護士連合会（日弁連）民族教育権利保障のための調査報告書を首相と文部省に提出 京都大学大学院理学研究科、朝鮮大学校卒業生の受験認める	日本政府、朝鮮民主主義人民共和国が日本列島に向かってミサイル発射と発表
1999	日本の外国大学卒業生への大学院入学資格弾力化（大学院の自主的判断に任せる）、大学入学資格検定（現在の高校卒業程度認定試験）受検資格の緩和（朝高生が日本高校にも通う「ダブルスクール」の必要なくなる）	
2000		6.15. 南北共同宣言（金大中・金正日） 4.11 石原東京都知事の「三国人」発言
2001	国連・人種差別撤廃委員会、朝鮮学校生のチマチョゴリを破る事件などに対する勧告	
2002		9.17. 日朝首脳会談、日本人拉致事件認定
2003	3. 文部省、インターナショナルスクール 16 校に限って国立大学受験資格認定方針 9. インターナショナルスクール、外国人学校、朝鮮学校に分けて受験資格を認定	
2004	1. 国立大学 83 校中、82 校が朝鮮学校卒業生への入学資格を認定 3. 京都朝鮮中・高級学校生、同校卒の資格により京大に合格	
2007	滋賀朝鮮初級学校に対する武装公安警察の強制捜索－児童と学父母の名簿入手が目的 東京朝鮮第 2 初級学校（枝川朝鮮学校）に対する東京都の土地明け渡し訴訟、和解成立	10.4. 南北共同声明、在外同胞問題南北共同対応明記（第 8 項）
2008		在日朝鮮人が納付した国税と地方税推定額（関接税除外）年間約 2,796 億円
2009	「在日特権を許さない市民の会（在特会）」による京都朝鮮初級学校襲撃事件 日本各地でヘイトスピーチ（人種差別扇動発言・デモ）事件多発	
2010	3. 国連・人種差別撤廃委員会、朝鮮学校に対する差別撤廃勧告 4.1 高校無償化制度実施、朝鮮高級学校（10 校）だけ適用留保 6.28 京都朝鮮学校襲撃事件民事提訴 11. 菅直人首相、朝鮮高校の審査凍結指示	在日朝鮮人主要居住地域と人口分布（2010 年末現在）：東京都約 12 万人、大阪府約 13 万人、兵庫県約 5 万人、愛知県約 4 万人、神奈川県約 3 万人、京都府約 3 万人、埼玉県約 2 万人、福岡県約 2 万人、千葉県約 2 万人、広島県約 1 万人－上の地域に在日朝鮮人人口の 70% が居住 世代別分布 :1 世約 4%、2 世約 37%、3 世約 48%、4 世約 11% 11. 延坪島事件勃発
2011	大阪府、府内のすべての朝鮮学校に対する補助金支給中断 東京都、宮城県、埼玉県補助金中断または保留 8. 菅首相、審査の凍結解除	

2012	12.26. 自民党政権に交代 12.28. 下村文科相、朝鮮高校無償化除外の方針発表	7.9. 外国人登録法廃止、「新しい在留管理制度」施行－外国人住民も住民基本台帳制度の対象に
2013	1.24. 大阪、愛知で無償化裁判提訴 2.20. 文科省、朝鮮高校を不指定処分に、朝鮮学校を対象外とする省令を公布・施行 3. 東京・町田市、防犯ベル配布で朝鮮学校を除外（撤回） 5.17. 国連・社会権規約委員会、「高校無償化」制度からの排除は「差別」として朝鮮高校に対する制度適用を要求 8.1. 広島で無償化裁判提訴 10.8 京都朝鮮学校襲撃事件京都地裁判決、「人種差別撤廃条約に違反し、賠償額は高額にならざるをえない」と判断 11.1. 東京都「報告書」を公表 12.19. 福岡で無償化裁判提訴	日本国籍取得者（2013 年現在）：累計約 35 万人
2014	2.17. 東京で無償化裁判提訴 4.2. 私立学校法改正 7.8 京都朝鮮学校襲撃事件大阪高裁判決、在特会側の控訴棄却 8.29. 国連・人種差別撤廃委員会、「高校無償化」制度からの排除と自治体の補助金凍結は教育権侵害として憂慮を表明、是正勧告 12.9. 京都朝鮮学校襲撃事件最高裁判決、在特会側上告棄却（民事訴訟）	2014 年 4 月現在の学校数：初級学校 53 校、中級学校 33 校、高級学校 10 校、大学 1 校、幼稚園 38 園（併設された場合が多く、所在地別学校数は 64 校）総在籍学生数約 8000 人

◆図書案内～もっと知りたいあなたに～◆

朴慶植『朝鮮人強制連行の記録』未来社 1965
小沢有作『在日朝鮮人教育論　歴史編』亜紀書房 1973
在日朝鮮人の人権を守る会編『在日朝鮮人の基本的人権』二月社 1977
金慶海『在日朝鮮人民族教育の原点』田畑書店 1979
梶村秀樹『解放後の在日朝鮮人運動』神戸学生・青年センター出版部 1980
朴尚得『在日朝鮮人の民族教育』ありえす書房 1980
朴慶植『解放後在日朝鮮人運動史』三一書房 1989
朝鮮時報取材班『狙われるチマ・チョゴリ――逆国際化に病む日本』柘植書房新社 1990
京都大学教育学部比較教育学研究室『在日韓国・朝鮮人の民族教育意識――日本の学校に子どもを通わせている父母の調査』明石書店 1990
金英達『日朝国交樹立と在日朝鮮人の国籍』明石書店 1992
梶村秀樹『在日朝鮮人論』明石書店 1993
ウリハッキョをつづる会『朝鮮学校ってどんなとこ？』社会評論社 1993
福岡安則『在日韓国・朝鮮人――若い世代のアイデンティティ』中央公論社（新書）1993
中山秀雄『在日朝鮮人教育関係資料集』明石書店 1995
高賛侑『国際化時代の民族教育』東方出版 1996
姜在彦『「在日」からの視座――姜在彦在日論集』新幹社 1996
徐京植『分断を生きる――「在日」を超えて』影書房 1997
朴三石『日本の中の朝鮮学校』朝鮮青年社 1997
高演義『「民族」であること――第三世界としての在日朝鮮人』社会評論社 1998
林哲・徐京植・趙景達編著『「在日」から考える 20 世紀を生きた朝鮮人』大和書房 1998
金時鐘『「在日」のはざまで』平凡社 2001
尹健次『「在日」を考える』平凡社 2001
徐京植『半難民の位置から――戦後責任論争と在日朝鮮人』影書房 2002
仲尾宏『Q&A 在日韓国・朝鮮人問題の基礎知識【第 2 版】』明石書店 2003

金徳龍『朝鮮学校の戦後史 1945-1972［増補改訂版］』社会評論社 2004
福田誠治／末藤美津子『世界の外国人学校』東信堂 2005
金漢一『朝鮮学校の青春～ボクらが暴力的だったわけ』光文社 2005
朴鐘鳴編著『在日朝鮮人の歴史と文化』明石書店 2006
月刊イオ編集部『日本の中の外国人学校』明石書店 2006
佐野通夫『日本の植民地教育の展開と朝鮮民衆の対応』社会評論社 2006
韓東賢『チマチョゴリ制服の民族誌～その誕生と朝鮮学校の女性たち』双風舎 2006
郭基煥『差別と抵抗の現象学――在日朝鮮人の“経験”を基点に』新泉社 2006
鈴木道彦『越境の時――一九六〇年代と在日』集英社（新書）2007
小熊英二・姜尚中編『在日一世の記憶』集英社（新書）2008
徐京植『植民地主義の暴力――「ことばの檻」から』高文研 2010
朴三石『教育を受ける権利と朝鮮学校　高校無償化問題から見えてきたこと』日本評論社 2011
徐京植『在日朝鮮人ってどんなひと？』平凡社 2012
権海孝『私の心の中の朝鮮学校』HANA2012
朴三石『知っていますか？朝鮮学校』岩波書店（ブックレット）2012
佐野通夫編『在日朝鮮人教育関係資料 1,2,3』緑蔭書房 2012
宋基燦『「語られないもの」としての朝鮮学校――在日民族教育とアイデンティティ・ポリティクス』岩波書店 2012
本田久朔『チョーコーイレブン 大阪朝鮮高校サッカー部の奇跡』文芸社 2012
田中宏『在日外国人――法の壁、心の溝　第三版』岩波書店（新書）2013
朴校熙『分断国家の国語教育と在日韓国・朝鮮学校の民族語教育』風間書房 2013
鄭栄桓『朝鮮独立への隘路――在日朝鮮人の解放五年史』法政大学出版局 2013
梶井陟『都立朝鮮人学校の日本人教師：1950-1955』岩波書店（現代文庫）2014
中村一成『ルポ 京都朝鮮学校襲撃事件――〈ヘイトクライム〉に抗して』岩波書店 2014
志水宏吉・中島智子・鍛冶致編著『日本の外国人学校――トランスナショナリティをめぐる教育政策の課題』明石書店 2014

◆出版に寄せて◆

●1990年代前半に新聞社の特派員として日本に滞在した3年の間、歴史の大きなうねりと言い得る事件を何回か経験した。難攻不落の城のようだった自民党政権の退陣と「非自民連立政権」の出帆という政治的激変に出くわしたし、日本軍隊慰安婦被害者だったことを初めて宣言した金学順（キム・ハクスン）ハルモニをはじめ徴兵、徴用など植民地統治の被害者たちが提起した戦後補償訴訟の渦を現場で見守った。

このような大きな事件に劣らない衝撃として迫ってきた問題が、朝鮮学校の受難だ。核開発疑惑で北韓に対する否定的印象が広がると、一部のさもしい日本人たちが、朝鮮学校生たちを標的にしたのだ。最大の被害者は、チマチョゴリで学校に通った女子生徒たちだった。登下校時に剃刀やはさみで服が引き裂かれたり、髪を鷲掴みにされたり、暴言にあう被害事例が後を絶たなかった。当時「引き破かれたスカート――引き破かれた日本の良心」というタイトルで、新聞の一面を割き、長文の記事を書いた。

金明俊監督のドキュメンタリー映画『ウリハッキョ』が多大な関心を呼び起こしはしたが、朝鮮学校に対する韓国人たちの平均的な認識は、相変らず無知に近い水準にとどまっている。朝鮮学校を取り囲んだ歴史的背景や現況は重層的で複合的だ。

解放以後の南北分断と冷戦構造の定着、アメリカの東アジア政策など、朝鮮半島と日本にまたがる現代史の流れに関する概括的知識がなければ、容易に理解されない部分が少なくない。そういった意味でも、この本の出現はとてもうれしい。硬い論文形式の講義よりは親切な問答式説明と、朝鮮学校出身の社会人と保護者としてのいきいきとした体験談が盛り込まれていて、八方ふさがりの状況でも朝鮮学校を守ろうとする情熱の原動力が何なのかを理解するのに適したものといえよう。

読者たちは、在日朝鮮人の民族教育のために韓国政府が何をしたのか、いや、何をしなかったのかを念頭に置きながら、この本を読むとよいだろう。20年前、女子生徒らのチマチョゴリが引き裂かれる事件が起こった時、韓国政府と駐日大使館は、何らの対処や反応を示さなかった。現在、東京と大阪の同胞集住地域で気勢を上げる極右勢力の人種差別的なデモは、スケープゴートにされた朝鮮学校女子生徒たちの苦境に目をそむけた韓国政府の姿勢にも相当な責任がある。

金孝淳

（キム・ヒョスン、元ハンギョレ新聞記者・「フォーラム 真実と正義」共同代表）

＊　＊　＊

●朝鮮学校。一方では「朝総連学校」と、他の一方では「民族学校」とその名を呼ぶ。前者は敵視、後者は「好感」、「期待」の表現だ。前者は「反共大韓民国」、後者は「統一朝鮮半島」に対する政治的意志をそれぞれ表わす。この分裂した相剋のイメージから脱するためには、政治を後に回し、日常を前面に出して朝鮮学校の「純粋さ」を強調するしかない。政治を日常で取り替える方式だ。しかし、これもまた韓国が見たがる朝鮮学校でしかない。なにより、朝鮮学校を植民地主義と南北分断という条件に対応させ、「日常が政治で、政治が日常」とならざるをえなかった「生」を生きた在日朝鮮人たちの主体的選択から理解することが重要だ。この本は、朝鮮学校を在日朝鮮人の主体的選択から理解する道を開いてくれる最初の一歩になるだろう。

権赫泰

（クォン・ヒョクテ、聖公会大日本語日本学科教授）

＊　＊　＊

●「あなたから在日朝鮮人の話を聞くと、まるで過去の亡霊に出会ったような気分になる」

数年前、ある韓国の知識人が私にそう言った。私はこう答えた。「私たち在日朝鮮人が、過去の亡霊なのではない、あなた方が過去のこととして忘れてしまいたい現実が、いまも継続しているのだ」

この本を読んだ人が、「ああ、日本には、まだ差別が残っているな」「在日朝鮮人はかわいそう」と考えただけで終わるとしたら、その理解は不正確であり、不十分である。「差別が残っている」のではない、それは解放後70年近い間、日本の支配層の一貫した政策として、きわめて執拗に再生産され継続されているのだ。

もしあなたが過去の日本による植民地支配を肯定しないならば、現在も継続する植民地支配を容認しないことは当然であろう。植民地支配責任を否認しようとする日本の支配層によって、朝鮮学校は象徴的な標的にされてきた。その圧力に対する抵抗は、南であれ、北であれ、在日であれ、分断イデオロギーを超えて全民族的に共有すべき課題だ。学生や父母にその自覚があるかどうかにかかわりなく、このような闘争の最前線に置かれているのが朝鮮学校である。最前線の人々を孤立させておいてよいわけがない。

徐京植

（ソ・ギョンシク、作家／東京経済大学教授）

原著者：
地球村同胞連帯 KIN（Korean International Network）지구촌동포연대 (KIN)
「高校無償化」からの朝鮮学校排除に反対する連絡会 '고교무상화제도' 로부터 조선학교 배제에 반대하는 연락회

編者：
「高校無償化」からの朝鮮学校排除に反対する連絡会『朝鮮学校物語』日本版編集委員会

原タイトル：조선학교 이야기 著者：지구촌동포연대 (KIN)、'고교무상화제도' 로부터 조선학교 배제에 반대하는 연락회

Original Korean edition published by Sunin Publishing

朝鮮学校物語——あなたのとなりの「もうひとつの学校」

2015年5月25日　初版第1刷発行
2024年6月10日　初版第4刷発行

編者 ——『朝鮮学校物語』日本版編集委員会
発行者 ——平田　勝
発行 ——花伝社
発売 ——共栄書房
〒101-0065　東京都千代田区西神田2-5-11出版輸送ビル2F
電話　03-3263-3813
FAX　03-3239-8272
E-mail　info@kadensha.net
URL　https://www.kadensha.net
振替 ——00140-6-59661
装幀 ——黒瀬章夫（ナカグログラフ）
印刷・製本— 中央精版印刷株式会社

ISBN978-4-7634-0739-9 C0036